I0567126

DISCLAIMER

FIRST EDITION - Published 2022

Extra Graphic Material From: www.freepik.com
Thanks to: Alekksall, Starline, Pch.vector, Rawpixel.com, Vectorpocket, Dgim-studio, Upklyak, Macrovector, Stockgiu, Pikisuperstar & Freepik.com Designers

This Book Comes With Free Bonus Puzzles
Available Here:

BestActivityBooks.com/WSBONUS20

5 TIPS TO START!

1) HOW TO SOLVE

The Puzzles are in a Classic Format:

- Words are hidden without breaks (no spaces, dashes, ...)
- Orientation: Forward & Backward, Up & Down or in Diagonal (can be in both directions)
- Words can overlap or cross each other

2) ACTIVE LEARNING

To encourage learning actively, a space is provided next to each word to write down the translation. The **DICTIONARY** allows you to verify and expand your knowledge. You can look up and write down each translation, find the words in the Puzzle then add them to your vocabulary!

3) TAG YOUR WORDS

Have you tried using a tag system? For example, you could mark the words which have been difficult to find with a cross, the ones you loved with a star, new words with a triangle, rare words with a diamond and so on...

4) ORGANIZE YOUR LEARNING

We also offer a convenient **NOTEBOOK** at the end of this edition. Whether on vacation, travelling or at home, you can easily organize your new knowledge without needing a second notebook!

5) FINISHED?

Go to the bonus section: **MONSTER CHALLENGE** to find a free game offered at the end of this edition!

Want more fun and learning activities? It's **Fast and Simple!**
An entire Game Book Collection just **one click away!**

Find your next challenge at:

BestActivityBooks.com/MyNextWordSearch

Ready, Set... Go!

Did you know there are around 7,000 different languages in the world? Words are precious.

We love languages and have been working hard to make the highest quality books for you. Our ingredients?

A selection of indispensable learning themes, three big slices of fun, then we add a spoonful of difficult words and a pinch of rare ones. We serve them up with care and a maximum of delight so you can solve the best word games and have fun learning!

Your feedback is essential. You can be an active participant in the success of this book by leaving us a review. Tell us what you liked most in this edition!

Here is a short link which will take you to your order page.

BestBooksActivity.com/Review50

Thanks for your help and enjoy the Game!

Linguas Classics Team

1 - Food #1

ت	گ	ی	ح	ص	پ	ه	گ	ا	ڑ	س	ر	ٹ	ز
ل	ر	ل	ے	و	ی	ج	و	س	خ	و	ڈ	ز	گ
س	س	ک	ن	ي	ا	-	ف	ٹ	ه	پ	ت	ک	ا
ی	چ	ی	ا	س	ز	ط	ف	ر	و	د	ف	ظ	ج
ه	د	ق	ش	ر	ی	و	ں	ا	ظ	ن	ه	ی	ر
ف	س	ط	پ	چ	ی	ن	ی	ب	ي	خ	ا	ھ	ط
ؤ	ج	ض	ا	م	چ	ا	پ	ی	ئ	ح	ي	-	ه
غ	ق	و	ت	ڑ	غ	ڑ	ں	ر	ذ	م	ح	پ	غ
ف	گ	م	ی	ُ	آ	ض	پ	ی	د	و	د	ھ	ي
د	ا	ر	چ	ی	ن	ی	ا	ص	ئ	ن	ک	ا	چ
ت	ژ	ث	ل	ھ	ی	م	ل	گ	پ	گ	ط	ش	ط
ک	ں	ص	ش	ر	ب	ٹ	ک	ز	ں	ف	پ	ل	ق
ل	ه	س	ن	خ	و	ب	ا	ن	ی	ل	م	ج	ا
ب	ش	ئ	چ	ک	ی	ه	ئ	ا	ج	ی	ز	م	ی

خوبانی
جو
تلسی
گاجر
دار چینی
لہسن
رس
نیبو
دودھ
پیاز

مونگفلی
ناشپاتی
ترکاریاں
نمک
سوپ
پالک
اسٹرابیری
چینی
ٹونا
شلجم

2 - Castles

ض	ب	ل	ص	ق	ؤ	ث	ه	ت	ذ	ھ	ع	ه	-
ڈ	ڈ	ج	ت	ذ	ص	ز	گ	ھ	ي	ق	ج	ھ	ق
ش	ه	ز	ا	د	ی	ع	گ	خ	-	ُ	ھ	ح	ڈ
ي	ح	آ	ج	گ	ھ	و	ڑ	ا	ج	ؤ	ٹ	-	آ
خ	ن	ُ	آ	غ	ی	پ	ث	ز	ڑ	ق	ڈ	و	ے
ا	ھ	ت	ؤ	ی	ڈ	ر	ی	گ	ن	ظ	-	ي	پ
ن	ض	ذ	ص	چ	ھ	ن	د	س	ت	د	م	ڑ	ُ
د	د	ر	ن	ت	ا	س	غ	ا	ت	ل	ک	ح	آ
ا	ز	ه	ا	گ	ل	ی	ل	ظ	ر	-	و	ھ	ل
ن	ث	ف	ئ	ش	ر	ی	ف	ه	ق	ا	ش	ا	آ
پ	ش	ک	ٹ	ب	ظ	ٹ	ؤ	س	ل	ط	ن	ت	ر
غ	م	-	ا	ی	و	ن	ی	ک	و	ر	ن	ه	ؤ
ا	آ	ن	و	ه	ک	و	چ	د	ی	و	ا	ر	ظ
ف	ت	ش	ر	ق	ل	ع	ه	ک	ف	د	خ	گ	ز

کوچ
گلیل
تاج
ڈریگن
خاندان
سلطنت
جاگیردارانہ
قلعہ
گھوڑا
نائٹ

شریف
محل
پرنس
شہزادی
ڈھال
تلوار
ٹاور
یونیکورن
دیوار

3 - Exploration

آ	ز	س	س	د	ن	د	ں	و	ت	ف	ا	ق	ث
ژ	س	ف	ح	ط	ا	و	ج	آ	ک	ذ	گ	ي	م
ت	ا	ر	ط	خ	م	ر	گ	ڈ	ٹ	ڈ	ص	ص	ص
ب	ج	ط	ط	پ	ع	ڑ	ہ	ت	ف	ا	ی	ر	د
ص	ن	ط	ج	ظ	ل	ڑ	م	ر	ت	م	ز	ع	-
ھ	گ	پ	ص	ژ	و	ت	ت	ض	ے	خ	ب	ح	ث
ی	ل	ش	و	ج	م	ھ	ڈ	ژ	ط	س	ا	غ	آ
ھ	ی	د		ا	ي	ک	پ	ر	ر	ک	ن	ڑ	ر
ص	ک	ر	ذ	ن	پ	ن	ن	گ	ہ	ر	ت	گ	آ
ب	ف	ف	غ	و	ف	ا	ر	ے	ف	م	ا	ي	پ
ث	ڑ	ژ	ص	ر	ک	م	م	پ	ذ	ی	ئ	ن	
ف	ک	ں	ز	و	ی	غ	ش	ق	-	ٹ	ٹ	ض	ئ
ز	ٹ	ں	ع	ں	ئ	د		ژ	ڈ	ئ	ک	و	ص
ت	ش	ں	ش	ے	ک	ی	ت	س	-	ی	ہ	ع	

سرگرمی
جانوروں
ہمت
ثقافتوں
عزم
دریافت
دور
جوش
تھکن
خطرات
زبان
نئی
خطرناک
جگہ
سفر
نامعلوم
جنگلی

4 - Measurements

م	ي	ز	ل	ش	ھ	پ	ح	ھ	چ	ش	ت	ا	ز
ی	ت	ف	ی	خ	ھ	ڈ	خ	ط	و	و	ز	و	ب
ٹ	ن	ح	ٹ	ف	ؤ	ڈ	ج	ڈ	ڑ	ن	ح	ن	ڑ
ر	غ	ذ	ر	ک	ل	و	گ	ر	ا	م	ج	چ	ے
پ	ں	د	ز	ی	ک	س	ث	ر	ئ	ہ	م	ا	پ
س	ی	ن	ٹ	ی	م	ی	ٹ	ر	ی	ک	ا	ئ	ی
ل	س	ظ	ہ	ہ	خ	ت	د	ش	ص	ل	ث	ی	م
م	ح	ھ	ذ	ص	ض	گ	گ	پ	ش	و	ز	ن	ا
ب	گ	ہ	ر	ا	ئ	ی	ر	ک	ص	م	ا	ذ	ن
ا	ع	ش	ا	ر	ی	ہ	پ	ا	ذ	ی	ن	ط	ے
ئ	ا	و	ن	س	ن	ض	س	س	م	ٹ	چ	ٹ	پ
ی	پ	ہ	خ	غ	غ	غ	ط	ڈ	ح	ر	ن	ض	رِ
ب	اِ	ئ	ٹ	ے	ہ	ق	ؤ	ح	ت	ز	ض	-	
گ		ٹ	ز	ر	ش	ض	ی	ٹ	ک	ع	د	ا	ہ

بائٹ
سینٹی میٹر
اعشاریہ
ڈگری
گہرائی
گرام
اونچائی
انچ
کلوگرام
کلومیٹر

لمبائی
لیٹر
بڑے پیمانے پر
میٹر
منٹ
اونس
ٹن
حجم
وزن
چوڑائی

5 - Farm #2

ج	ب	د	ض	ض	م	آ	ب	پ	ا	ش	ی	ب	م
ا	ھ	ح	چ	ب	ر	ہ	ق	ع	ر	ح	ق	ا	ک
ن	ی	ر	ڑ	ا	ط	ب	ں	س	ہ	آ	ظ	غ	ئ
و	ڑ	ڈ	ل	ر	د	خ	ق	پ	ھ	س	ب	ز	ی
ر	ک	ھ	ا	ن	ا	و	س	ھ	ے	ق	س	ل	ڈ
و	ز	ز	م	ی	ڈ	و	د	ل	و	ی	ک	غ	ک
ں	ژ	ل	ا	و	ژ	ٹ	ي	ھ	ط	-	س	ٹ	غ
ذ	ُ	ی	ح	ظ	ُ	ژ	ؤ	ت	ث	ؤ	ا	ژ	ض
د	ظ	ئ	ف	خ	ژ	گ	د	ُ	ج	ن	ن	ے	ج
ٹ	ر	ی	ک	ٹ	ر	ن	ئ	ق	ئ	و	ج	ک	ظ
ث	ہ	ط	ڑ	ژ	ص	د	ث	ؤ	ؤ	ض	ث	ے	ض
ئ	ق	س	ج	ھ	ي	م	م	ٹ	ا	گ	ھ	ف	خ
ھ	خ	س	خ	ح	غ	ط	ف	س	ٹ	ک	ت	ہ	و
و	ٹ	ع	گ	ہ	ہ	ہ	ن	ت	ش	ذ	پ	ج	گ

بره
لاما
میڈو
دودھ
باغ
بھیڑ
ٹریکٹر
سبزی
گندم

جانوروں
جو
بارن
مکئی
بطخ
کسان
کھانا
پھل
آبپاشی

6 - Books

ڈ	ک	ہ	ں	ا	گ	س	ش	ر	ص	ف	ح	ہ	پ
خ	ُ	ق	ع	ل	ک	ا	م	ا	د	ب	ی	ی	ں
ئ	م	ت	ر	گ	ے	ہ	ز	و	ع	ش	غ	ج	غ
ح	ص	ج	ا	ی	ے	س	ا	ی	گ	ر	ز	م	ی
گ	ن	ظ	م	ر	ڈ	ک	ح	ن	ظ	ا	ش	م	ش
ع	ف	آ	ک	س	ی	ر	ی	ز	ی	خ	ا	ں	ي
م	ج	م	و	ع	ہ	خ	ہ	ع	ئ	ت	ع	ط	ن
د	و	ہ	ر	ی	پ	ن	ی	ں	ذ	ر	ر	ا	ڑ
ت	ی	ط	ا	ھ	و	ؤ	ش	ا	ا	ا	ی	ٹ	غ
م	ت	ع	ل	ق	ہ	ن	ذ	ز	م	ع	و	ي	غ
ہ	ح	و	م	ٹ	ر	ت	ج	ڑ	ذ	ی	خ	ژ	ٹ
ض	آ	ہ	ن	چ	ت	ف	ژ	ذ	ج	ِ	ڑ	ت	ج
ک	ر	د	ا	ر	ک	ع	ف	ن	ا	و	ل	ق	ث
ب	د	ن	ک	ا	ف	ڈ	م	ڈ	م	ج	ز	ث	ک

سابسک
مصنف
کردار
مجموعہ
دوہریپن
رزمی
تاریخی
مزاحیہ
اختراعی
ادبی

راوی
ناول
صفحہ
نظم
شاعری
ریڈر
متعلقہ
سیریز
کہانی
المناک

7 - Meditation

ر	خ	غ	خ	ق	ت	ف	ئ	ف	ط	پ	-	ٹ	ُ
ٹ	آ	آ	ا	ح	ب	ک	ہ	ظ	خ	ر	ب	ر	ش
ف	ن	ُ	م	ر	آ	و	ع	ج	و	س	ی	ش	ٹ
ف	ق	م	و	ک	آ	ی	ل	ڑ	ش	ک	د	ژ	ل
ز	ط	ڑ	ش	ت	و	ج	ہ	ی	ی	و	ا	ق	ح
خ	ہ	ر	ی	ڑ	ش	س	ا	ش	ت	ن	ر	ق	ہ
ٹ	ن	ج	ت	ي	ک	س	غ	ط	و	ژ	چ	ں	ح
ے	ظ	ٹ	ل	ؤ	ر	ؤ	چ	ع	ض	ہ	ؤ	ب	ذ
ذ	ر	آ	ھ	آ	گ	ڑ	ط	ج	ا	م	خ	ر	م
ہ	ا	م	ن	ف	ز	ے	ع	ذ	ح	د	ی	ا	و
ن	س	ق	د	م	ا	غ	ُ	ب	ت	ر	ا	ع	س
ی	ب	پ	ي	ش	ر	ٹ	آ	ا	ژ	د	ل	ت	ی
ا	ح	س	ا	ن	ی	ا	ض	ت	ہ	ی	ا	ض	ق
پ	م	ژ	ڑ	ڈ	ظ	پ	ز	ڈ	خ	ي	ت	ژ	ی

احسان
ذہنی
دماغ
حرکت
موسیقی
فطرت
امن
نقطہ نظر
خاموشی
خیالات

قبولیت
توجہ
بیدار
پرسکون
وضاحت
ہمدردی
جذبات
شکرگزاری
عادات
خوشی

8 - Days and Months

ف	ن	ل	ط	غ	ج	ٹ	ج	ح	ف	ک	ج	ل	ئ
ا	ر	س	ز	خ	و	ہ	م	ن	ا	پ	ر	ی	ل
ت	ض	و	ي	آ	ل	ر	ع	و	و	ظ	ش	ہ	ث
و	ت	ٹ	ر	و	ا	س	ر	م	ا	ر	چ	ا	ش
ا	ؤ	ع	ت	ی	ئ	ت	ا	ب	خ	ذ	ی	گ	ل
ر	س	ا	ل	ث	ی	م	ت	ر	ف	پ	ل	ٹ	غ
ڑ	س	ع	ؤ	ئ	آ	ب	پ	ص	ص	پ	ی	ف	-
و	ي	ض	ش	و	ظ	ر	ر	ی	م	ا	ہ	ص	ُ
ک	ی	ل	ن	ڈ	ر	ت	ج	ز	ر	ا	گ	س	ت
ی	ؤ	ص	ذ	م	د	ب	م	ف	ض	ک	ھ	ئ	م
ف	ز	ص	ا	ن	ب	ی	ع	ہ	ف	ت	ہ	ض	ئ
ژ	پ	ذ	ں	گ	ظ	ے	ہ	ا	م	و	ح	ئ	ی
ؤ	ہ	ھ	ص	ل	ف	غ	د	ں	ي	ب	ن	ث	م
ژ	ع	ت	ی	ئ	ک	ب	د	ھ	ا	ر	خ	ق	ن

اپریل
اگست
کیلنڈر
فروری
جمعہ
جنوری
جولائی
مارچ
مئی
پیر

ماہ
نومبر
اکتوبر
ہفتہ
ستمبر
اتوار
جمعرات
منگل
بدھ
سال

9 - Chess

و	ھ	خ	غ	ز	ص	ب	س	ی	ا	ہ	ب	و	ؤ
ق	ر	ب	ا	ن	ی	ا	ڈ	گ	ؤ	گ	ق	ق	ا
غ	و	ص	ذ	ق	ط	د	ش	ث	غ	ص	د	ت	ئ
ج	ی	ا	خ	ب	ہ	ش	ئ	ھ	ٹ	ص	ف	ک	ہ
ي	ض	ر	ع	پ	و	ا	ئ	ن	ٹ	س	پ	ظ	ج
ح	د	ڈ	ف	د	ش	ہ	م	ق	ا	ب	ل	ہ	ق
ک	و	گ	گ	ع	ی	غ	پ	ک	ع	ز	-	ث	ط
م	خ	ا	ل	ف	ا	ج	ل	ھ	ؤ	ذ	ي	ع	ر
ت	ل	گ	ق	ی	ر	ل	ی	ی	ک	ژ	ت	ژ	ی
ع	ژ	ک	و	ک	چ	ئ	ئ	ل	س	ف	ی	د	-
م	-	د	ہ	ف	ٹ	و	ر	ن	ا	م	ن	ٹ	ں
ل	ف	ت	د	د	ض	د	ن	م	چ	ط	ف	ٹ	ز
ی	ڈ	ٹ	ف	غ	ق	ذ	ط	س	-	ص	ہ	ز	ي
چ	ی	م	پ	ئ	ن	ث	ق	ث	چ	ؤ	ذ	ح	ث

سیاہ
چیمپئن
ہوشیار
مقابلہ
قطری
کھیل
بادشاہ
مخالف
غیر فعال
پلیئر
پوائنٹس
ملکہ
قواعد
قربانی
حکمت عملی
وقت
ٹورنامنٹ
سفید

10 - Food #2

چ	د	م	ب	ق	ں	ع	پ	س	ص	ک	ق	ا	غ
ح	د	ن	ھ	ط	ک	ر	ق	گ	ذ	ی	ص	ن	د
ب	غ	ش	ژ	ت	ٹ	ٹ	ئ	ح	ھ	و	ع	گ	آ
آ	ژ	ذ	ع	ب	ل	ت	ج	ژ	ت	ی	ن	و	ی
ٹ	م	ا	ٹ	ر	ث	ے	ص	چ	ز	خ	م	ر	ج
ر	چ	ن	ج	ث	ؤ	س	ض	ا	ن	ز	ژ	ئ	ع
ز	ھ	ڈ	ژ	م	م	پ	ح	و	پ	ح	ے	ض	ب
ھ	ل	ے	ژ	ع	و	ش	آ	ل	ن	ح	چ	ہ	ک
ہ	ی	م	ت	ل	ھ	د	ر	س	ی	ب	ں	ق	ط
ؤ	چ	غ	ز	ڈ	ذ	ہ	ٹ	و	ر	ز	ؤ	ژ	ٹ
ک	ی	ک	ٹ	ش	چ	ی	چ	چ	م	ی	ل	س	ں
ی	ر	گ	ن	د	م	ف	و	چ	ا	ک	ل	ی	ٹ
ل	ی	ي	ش	ب	ر	و	ک	و	ل	ی	ش	ق	ا
ا	ز	ب	ی	ن	گ	ن	ٹ	ک	خ	ژ	ں	ز	ض

سیب
آرٹچوک
کیلا
بروکولی
اجمود
پنیر
چیری
چکن
چاکلیٹ
انڈے

بینگن
مچھلی
انگور
ہیم
کیوی
مشروم
چاول
ٹماٹر
گندم
دہی

11 - Family

ئ	ُ	-	ج	ٹ	ت	ں	د	چ	ا	ظ	ذ	ق	ث
ب	-	ذ	ھ	ب	ذ	پ	د	ر	ا	ن	ہ	ظ	ج
ٹ	ی	ؤ	ژ	ھ	-	ت	م	ا	ں	ن	ب	ع	ج
ے	ع	و	و	ت	خ	ز	گ	د	د	ذ	ہ	ل	د
ج	گ	ق	ی	ی	گ	ن	چ	ا	چ	ی	ن	س	و
ج	ک	ڈ	ذ	ج	ح	چ	ڑ	د	ي	ف	ر	ڑ	پ
ں	پ	گ	ي	ی	ص	چ	غ	ا	و	م	ٹ	گ	آ
ت	ش	و	ہ	ر	-	ا	د	ا	خ	ج	ظ	ڈ	ٹ
ش	ب	ض	ت	ب	ھ	ت	ی	ج	ے	ل	ف	ک	ئ
ِ	ر	ب	ھ	ا	ئ	ی	ب	چ	ہ	س	ذ	ک	ٹ
ن	ژ	چ	ک	ص	د	ت	ے	ع	ي	ں	ُ	ب	ؤ
ص	ا	پ	پ	ر	ک	ھ	ا	ح	ٹ	ژ	ک	ی	ن
ذ	ئ	ن	ا	ط	ز	ب	ا	پ	ذ	ع	ٹ	ٹ	ن
ث	خ	گ	ٹ	ھ	ن	ٹ	آ	ط	ہ	گ	ہ	ی	ص

پرکھا
چاچی
بھائی
بچہ
بچپن
کزن
بیٹی
باپ
پوتا
دادا
دادی
شوہر
ماں
بھتیجے
بھتیجی
پدرانہ
بہن
چچا
بیوی

12 - Farm #1

ب	ش	ب	ل	ی	ت	ک	ف	ج	ص	ڈ	ُ	ع	ي
ر	ش	ی	ہ	-	ک	ک	آ	ٹ	ھ	ئ	چ	ک	ن
ٹ	ر	ج	د	ذ	ؤ	ز	ف	گ	ُ	ک	ا	و	ظ
ٹ	پ	ي	د	ب	ک	ر	ی	ھ	ں	ت	و	ا	ب
ظ	پ	ا	ن	ی	م	ط	ل	و	ق	ا	ل	ؤ	د
ل	ے	ے	ڑ	ز	ص	ک	ڈ	ڑ	خ	ع	ئ	ض	ُ
ک	ز	ق	ئ	ش	ز	ف	ر	ا	ب	ٹ	ڈ	ہ	ض
غ	ر	ذ	چ	گ	ف	گ	ح	ؤ	ب	ؤ	چ	ھ	ُ
ز	ا	ب	چ	ھ	ڑ	ا	ث	ت	ث	ڑ	ص	ی	ح
ي	ع	ں	ض	ا	-	پ	-	س	ے	ع	ؤ	ھ	و
ک	ت	ر	چ	س	ت	گ	گ	ا	ئ	ے	ح	ع	ج
ت	ھ	خ	ش	ئ	م	ل	-	د	ح	ڑ	ژ	ا	ی
ط	ق	ا	ہ	خ	م	ک	ھ	ی	ھ	ز	ؤ	ز	ژ
ظ	ص	ک	د	ئ	د	آ	ي	ش	ب	ا	ئ	س	ن

زراعت
مکھی
بائسن
بچھڑا
بلی
چکن
گائے
کوا
کتا
گدھا
باڑ
کھاد
فیلڈ
بکری
گھاس
شہد
گھوڑا
چاول
بیج
پانی

13 - Camping

ض	د	-	ج	چ	ا	ن	د	ا	خ	ث	م	ُ	ک
ڈ	ن	ج	ا	ن	و	ر	و	ں	پ	ی	ے	ی	ی
ڈ	ڈ	گ	ح	ر	گ	پ	و	پ	م	غ	ط	ع	ن
و	ژ	ؤ	ذ	ي	ر	ل	ز	ي	ع	ب	ط	ن	و
ن	ہ	پ	ئ	ھ	ي	د	ڔ	ا	پ	ق	ئ	ق	ش
ب	ن	ب	م	ز	ہ	ج	ُ	ع	پ	ٹ	ف	ش	ض
ب	ن	ی	-	ا	ک	ہ	ہ	آ	ٹ	غ	آ	ہ	ھ
ف	ط	ر	ت	ر	س	ی	-	ؤ	و	ن	ژ	گ	ج
ڈ	ا	پ	ؤ	ل	ا	م	ک	م	پ	ا	س	ش	ھ
خ	خ	ص	ف	ف	ہ	و	ی	ی	ی	ب	ز	ک	ی
ے	ص	س	س	د	س	ک	ب	ا	ڑ	ط	ئ	ا	ل
ط	ص	ت	گ	س	ک	ژ	ن	ژ	ح	ے	ض	ر	پ
ح	ج	خ	ی	م	ہ	پ	ہ	ا	ڑ	س	ح	ظ	ط
ٹ	ص	ا	ض	ص	د	ر	خ	ت	و	ں	م	ط	آ

سائنسی
جانوروں
کیبن
کینو
کمپاس
آگ
جنگل
مزہ
ہیموک
ٹوپی

شکار
کیڑے
جھیل
نقشہ
چاند
پہاڑ
فطرت
رسی
خیمہ
درختوں

14 - Conservation

ش	ت	ؤ	ن	ا	م	ی	ا	ت	ی	خ	ژ	ؤ	ک
ي	ب	ں	ا	چ	س	س	ث	ھ	م	ح	ع	پ	م
ھ	د	ئ	د	پ	ک	خ	ق	ص	ق	ع	ع	ز	ا
ڑ	ی	س	پ	ا	ن	ی	آ	ل	و	د	گ	ی	ح
ر	ل	ا	ب	ئ	ت	ع	ل	ی	م	ا	ر	خ	و
و	ی	ئ	د	ی	ط	س	ہ	ح	ڈ	ص	ح	ت	ل
چ	ا	ی	ہ	د	ٹ	ب	م	ق	ذ	ق	ا	ض	ی
س	ں	ک	ج	ا	ک	ر	ض	ٹ	ے	ھ	ُ	ش	ا
ن	ب	ل	ں	ر	م	ؤ	ض	ت	ش	و	ی	ش	ت
ا	گ	ز	آ	ب	و	ہ	و	ا	ح	-	ت	ي	ی
د	ح	ڈ	ٹ	م	ن	ت	ئ	ٹ	ک	پ	آ	د	ن
ک	ی	م	ی	ک	ل	س	ي	ئ	ں	ا	چ	ج	ج
ڑ	-	د	ت	ھ	ظ	ع	ڑ	ج	ذ	ظ	ر	ں	پ
م	ر	ت	ٹ	ے	ط	ل	ڑ	م	ی	ن	ہ	د	ي

تبدیلیاں
کیمیکل
آب و ہوا
تشویش
سائیکل
تعلیم
ماحولیاتی
سبز
مسکن

صحت
قدرتی
نامیاتی
آلودگی
کم
پائیدار
رضاکار
پانی

15 - Numbers

س	ؤ	ح	ج	د	ع	چ	ر	ي	د	ا	چ	ھ	آ
ج	خ	پ	ا	ن	چ	و	د	ہ	گ	ع	ا	ؤ	ٹ
و	ی	ن	ے	و	ي	ق	م		ح	ش	ر	ص	ھ
ص	ق	د	س	و	ل	ہ	پ	چ	خ	ا	ب	ؤ	ں
س	ت	ر	ہ	ت	ک	ي	م	ظ	ں	ر	چ	ی	ع
ب	ا	ہ	ث	ؤ	ڈ	گ	ت	ھ	ذ	ی	ھ	و	س
ع	ی	ت	ب	ا	ق	ہ	ب		ر	ہ	غ	د	د
	ک	ی	ٹ	ا	ن	ی	س	س	ئ	ی	ں	ق	ش
گ	ز	ن	ع	ٹ	ر	ج	د	ت	ی	ر	ہ	ؤ	ز
ن	ں	ھ	د	ھ	ص	ہ	و	ف	ر	-	ج	ظ	ق
و	ض	آ	ل	ا	ث	ط	س	ر	ف	غ	ٹ	ط	ز
ث	غ	ں	ئ	ر	ي	ژ	آ	و	ظ	د	ھ	ش	ع
ر	ط	ذ	ي	ہ	ن	ص	ش	ذ	ط	ں	ف	ق	ھ
ڈ	ر	ط	ص	ک	ہ	گ	چ	ف	ز	ڈ		گ	گ

اعشاریہ	سات
آٹھ	سترہ
اٹھارہ	چھ
پندرہ	سولہ
پانچ	دس
چار	تیرہ
چودہ	تین
نو	بارہ
انیس	بیس
ایک	دو

16 - Spices

م	ل	ف	ئ	ا	ج	گ	ن	و	ل	ص	ت	ج	ا
ی	ی	ک	گ	د	ح	م	م	ن	د	ل	و	ح	ن
ٹ	ڈ	ض	ذ	ر	ک	ت	غ	ی	خ	ہ	م	گ	ی
ھ	ک	ک	آ	ک	ع	ز	ا	ل	م	س	ک	س	س
ا	ز	خ	ا	ں	ع	آ	ت	ا	ی	ن	ھ	د	ج
ب	ض	ژ	ڑ	ف	خ	ک	ا	ک	ی	ر	پ	ی	پ
د	ا	ا	ر	خ	ج	ا	ل	و	ص	خ	گ	چ	ش
ا	ز	ا	ی	پ	ں	چ	ا	-	ث	س	غ	خ	آ
ر	ن	ج	-	ق	و	ث	ئ	ش	ز	ظ	ڈ	غ	ل
چ	ذ	ی	ں	س	ل	خ	چ	ھ	س	ک	ظ	ں	ز
ی	ا	ر	ث	ح	ر	-	ی	س	ژ	ر	ث	ک	ش
ن	ئ	ا	ُ	ح	ص	ظ	ے	و	د	ی	چ	ن	ڑ
ی	ق	ل	خ	چ	ٹ	-	س	ن	ل	پ	ت	-	ذ
ل	ہ	ی	ھ	ت	ی	م	ل	ف	ژ	آ	ظ	ق	آ

17 - Mammals

ب	ھ	ی	ڑ	ک	ڈ	ب	ل	و	ص	ع	ض	گ	ڑ
ی	ب	ی	ل	ن	ن	ن	ز	و	غ	ب	ک	و	چ
و	ڈ	شُ	ت	گ	ق	د	س	و	م	چ	ت	ر	ہ
ر	ز	ُ	ع	ا	ج	ر	ا	ف	ر	ڑ	ا	ی	ا
-	و	ؤ	غ	ر	ق	ض	ب	ژ	و	ہ	ی	ل	ت
ن	ز	ھ	ک	و	ی	و	ٹ	ش	ص	ئ	گ	ا	ھ
غ	ب	ھ	ی	ڑ	ی	ا	خ	ر	ی	چ	ھ	ں	ی
ز	ی	ب	ر	ا	و	ث	ل	ر	-	ر	و	ئ	ا
ٹ	ش	آ	ھ	ذ	م	-	ن	چ	گ	ی	ڑ	رُ	ث
آ	خ	ذ	ظ	ش	ب	ہ	ف	ج	ا	و	ا	ُ	ل
ن	ط	ؤ	ف	س	ض	ئ	ر	ت	ظ	غ	ش	ی	د
م	و	چ	ف	ع	غ	ڈ	ص	ل	چ	ز	ضُ	ڈ	ح
ي	ب	ل	ی	ڑ	ر	ڈ	ب	ئ	ہ	ن	ُ	ا	ج
پ	ث	ے	س	آ	ض	ا	ے	ڈ	و	ل	ف	ن	ڑ

ریچھ
بیور
بیل
بلی
کویوٹ
کتا
ڈولفن
ہاتھی
لومڑی
جراف
گوریلا
گھوڑا
کنگارو
شیر
بندر
خرگوش
بھیڑ
وہیل
بھیڑیا
زیبرا

18 - Fishing

س	ھ	ق	ص	ي	ڑ	ف	س	خ	ز	ب	ی	چ	ص
م	ب	ا	ل	غ	ه	آ	ر	ا	ئ	ی	ص	ب	ر
س	م	ن	د	ر	د	ر	ی	ا	گ	ت	ش	ؤ	م
پ	ا	آ	غ	پ	خ	آ	ٹ	ژ	ذ	ز	ں	ف	ج
ٹ	ز	م	ش	ل	ی	ف	ه	ھ	ں	ص	ا	ف	ب
ث	ھ	م	ا	ب	ظ	ص	ز	ژ	ؤ	غ	ه	پ	ڑ
ک	ت	و	غ	ن	ڑ	ئ	ک	ش	ئ	ش	و	ک	ے
ئ	غ	س	د	ض	د	پ	ک	ئ	ن	ڑ	پ	ا	پ
و	ئ	م	ض	ئ	ي	د	ق	ش	ص	ج	ذ	ن	ا
ں	ث	ث	ع	س	ش	خ	ر	ت	ت	ھ	ذ	ا	ن
ے	ه	ٹ	و	ک	ر	ی	ض	ا	ؤ	ی	ن	ط	ی
ذ	س	ع	ز	ئ	ن	ڈ	ظ	ر	ے	ل	ص	ذ	ؤ
ے	ب	ث	ن	ڑ	ت	ؤ	ن	ع	ظ	ں	وُ	آ	ا
غ	ے	ی	ع	و	ه	ص	ے	ص	م	ذ	ُ	ح	چ

بیت
ٹوکری
بیچ
کشتی
پکانا
سامان
مبالغہ آرائی
ہک
جبڑے
جھیل
سمندر
صبر
دریا
موسم
پانی
وزن
تار

19 - Restaurant #1

م	چ	ز	ف	ن	گ	ب	-	ا	ل	ر	ج	ی	ص
ی	ق	ھ	ہ	ع	ح	ع	ع	ی	ج	ر	م	ث	ک
ٹ	ط	غ	ر	ن		ذ	ب	پ	م	ز	ت	گ	ٹ
ھ	ک	ا	ف	ی	م	س	ا	ل	ی	د	ا	ر	و
ی	ھ	ق	ن	پ	ک	ی	و	ی	ن	ھ	ن	ء	ر
گ	ک	گ	ئ	ک	ھ	غ	ر	ٹ	و	ک	ڑ	ر	ا
ر	و	ٹ	ی	ن	ا	ج	چ	ڑ	پ	ٹ	ک	ح	ض
ج	ط	ش	ک	ک	ن	ھ	ی	ا	ٹ	ص	د	ئ	ذ
ژ	خ	ل	ت	ظ	ا	ز	خ	د	ظ	-	م	ا	آ
ر	ھ	خ	چ	ئ	س	خ	ا	و	ی	ٹ	ر	ی	س
ص	ں	ض	ک	ض	ق	غ	ن	ٹ	خ	ک	گ	چ	پ
ں	ظ	ظ	ن	س	ے	ت	ہ	چ	ٹ	ن	ی	گ	آ
آ	ظ	-	ع	ن	غ	ے	ض	ذ	ز	و	ض	ن	ي
ب	ک	ن	گ	ي	ں	ڑ	ژ	ے	ن	ز	ق	آ	ن

الرجی
کٹورا
روٹی
چکن
کافی
میٹھی
کھانا
اجزاء
باورچی خانہ

چھری
گوشت
مینو
نیپکن
پلیٹ
بکنگ
چٹنی
مسالیدار
ویٹریس

20 - Bees

ف	ڑ	ی	ھ	ب	ج	ر	و	س	ذ	د	ھ	ں	ہ
ا	ش	ن	ک	ج	ر	ئ	-	-	ر	گ	ر	س	ؤ
ئ	د	پ	ل	ھ	گ	ع	ئ	ظ	ش	غ	پ	م	پ
د	ھ	ھ	ب	ہ	د	ن	گ	ا	ر	پ	س	ظ	ک
ہ	و	و	ا	ڑ	ذ	د	ض	ژ	ش	و	ز	ی	س
م	ا	ل	غ	ض	ن	ط	ذ	م	ذ	د	ڑ	ٹ	س
ن	ں	ص	پ	ژ	ر	ظ	س	ل	ض	ے	ل	ڈ	ت
د	ؤ	ا	ن	ل	ھ	ک	چ	ک	پ	چ	ؤ	ے	ٹ
ر	ج	ت	گ	س	ن	ا	ھ	ہ	ھ	ک	ج	غ	ج
ق	ے	غ	ھ	ں	ش	ٹ	ت	پ	ل	ھ	غ	ص	ڑ
پ	ے	ک	ي	س	ح	ن	ا	ن		ا	ر	د	
ش	ذ	ٹ	د	پ	و	ح	ط	ک		ن	ل	ا	ل
ہ	م	و	م	ع	ش	ٹ	ذ	ھ	ے	ا	ذ	ں	ک
د	ن	ر	ف	ح	آ	ز	ں	س	پ		ٹ	ئ	ح

کیڑے
پودے
جرگ
پراگندہ
ملکہ
دھواں
سورج
بھیڑ
موم
پنکھ

فائدہ مند
کھلنا
تنوع
پھول
کھانا
پھل
باغ
مسکن
چھتا
شہد

21 - Sports

ک	ن	س	م	ج	ض	ز	پ	ل	ی	ئ	ر	ؤ	ف
ر	ی	ف	ر	ی	م	ص	ں	ک	ھ	ی	ل	ظ	ل
ب	ی	س	ب	ا	ل	ن	ہ	و	ح	ر	ک	ت	د
ج	م	ن	ا	س	ٹ	ک	ا	چ	ی	ٹ	ح	پ	ی
خ	ا	ث	آ	ک	ذ	و	ک	ز	ل	ی	ٹ	ث	ئ
ز	ک	ح	ث	ث	ک	س	ی	ق	ی	م	ی	ز	ف
ب	ا	س	ک	ٹ	ب	ا	ل	ے	ز	م	ن	ع	ٹ
پ	ض	پ	ق	ش	ع	ئ	ص	ڈ	و	ث	س	ھ	ق
ث	ز	ا	ا	س	ٹ	ی	ڈ	ی	م	ي	ف	ح	ع
-	ھ	م	ص	ز	آ	ک	ھ	ل	ا	ڑ	ی	ث	ت
ُ	ص	گ	ج	گ	و	ل	ف	ف	ص	ؤ	ے	ط	ظ
چ	ی	م	پ	ئ	ن	ش	پ	ي	ا	ح	م	ے	ے
ط	ص	ا	پ	آ	ي	ھ	گ	ز	ي	ت	پ	ی	چ
د	م	ٹ	ل	خ	و	ح	ہ	غ	ئ	ف	ح	ر	غ

کھلاڑی
بیس بال
باسکٹ بال
سائیکل
چیمپئن شپ
کوچ
کھیل
گولف
جمنازیم

جمناسٹک
ہاکی
حرکت
پلیئر
ریفری
اسٹیڈیم
ٹیم
ٹینس
فاتح

22 - Weather

ٹ	-	س	ی	ل	ا	ب	پ	ر	س	ک	و	ن	ڑ
ق	د	آ	ں	ح	ص	ب	ل	ک	ھ	ی	ا	-	ھ
ظ	پ	د	ھ	ن	د	ر	ج	ہ	ح	ر	ا	ر	ت
ب	ج	ل	ی	م	خ	ف	ق	ض	ھ	ل	آ	ژ	ز
ر	ی	ن	ب	و	آ	ا	خ	ط	ا	ف	س	ُ	-
ٹ	ت	ط	ں	ن	خ	ش	ک	و	ب	ٹ	م	ض	خ
ئ	ر	ژ	ل	س	خ	ن	ہ	ف	م	ی	ا	ز	ث
ي	ح	ث	ق	و	ش	ک	و	ا	ب	ا	ن	آ	غ
ش	ی	ث	ے	ن	ک	ٹ	ا	ن	ع	د	ح	ر	ز
ں	ڑ	ح	ا	ب	س	ب	ج	ل	گ	ز	ژ	و	ٹ
آ	ب	و	ہ	و	ا	ن	ح	ڑ	ر	م	ذ	ب	ل
ی	ڈ	ح	و	ف	ل	د	ث	ہ	ج	ط	ھ	ظ	ط
خ	ج	ش	ہ	ک	ی	ی	ل	ژ	ل	ظ	ط	ؤ	ف
غ	ن	ص	خ	ن	خ	ی	ل	ط	ذ	خ	ے	م	ي

ماحول
پرسکون
آب و ہوا
بادل
خشک سالی
خشک
سیلاب
دھند
برف
بجلی

مون سون
قطبی
رینبو
آسمان
طوفان
درجہ حرارت
گرج
اشنکٹبندیی
ہوا

23 - Adventure

خ	ن	ز	گ	ک	غ	ی	ر	م	ع	م	و	ل	ی
و	ش	ئ	ئ	ظ	-	ژ	ڈ	ل	ذ	و	ش	ل	گ
ب	ت	ت	ی	ژ	ئ	س	خ	ع	ب	ق	ک	ک	ڑ
ص	ی	ت	ر	ط	ے	ف	م	ط	ف	ع	ٹ	ہ	ل
و	ا	ب	ہ	ا	د	ر	ی	ت	ر	ظ	ے	آ	ے
ر	ر	د	ف	ط	ر	ت	ک	-	چُ	ن	ؤ	ح	ژ
ت	ی	م	ن	ز	ل	ج	ن	ژ		گ	ا	خ	ذ
ی	و	د	ض	-	ل	و	ڑ	م	ئ	ی	ح	ک	ط
ہ	ح	و	ل	ر	ق	ش	ڑ	آ	ض	ع	م	ح	ڈ
ظ	ی	س	ر	گ	ر	م	ی	خ	و	ش	ی	ف	-
ڈ	ظ	ت	ژ	ت	ئ	ل	م	ع	م	ل	ؤ	ا	ڈ
ن	ی	و	ی	گ	ی	ش	ن	ب	ؤ	د	ٹ	ظ	ا
و	ذ	ں	ب	ے	ہ	و	ش	ڑ	ٹ	د	ی	ت	ھ
گ	ھ	و	م	ن	ے	پ	ھ	ر	ن	ے	ح	ر	ڈ

سرگرمی
خوبصورتی
بہادری
موقع
خطرناک
منزل
مشکل
جوش
گھومنے پھرنے

دوستوں
خوشی
فطرت
نیویگیشن
نئی
تیاری
حفاظت
سفر
غیر معمولی

24 - Circus

ف	ز	ؤ	ف	آ	س	-	ت	م	ا	ش	ا	ئ	ی
-	ث	ف	د	گ	ھ	م	و	س	ی	ق	ی	پ	ي
چ	س	ط	ص	ہ	ف	ج	و	ش	ک	ک	چ	گ	ؤ
ي	ي	-	ب	ج	ا	د	و	گ	ر	ی	ا	ؤ	ذ
ض	ک	ب	ک	ژ	ث	ت	ُ	ج	و	ن	ل	ت	خ
ق	ٹ	ژ	پ	ر	ی	ڈ	ھ	ق	ب	ڈ	غ	ف	و
ف	ن	د	ڑ	ش	ث	ک	ژ	ی	ی	ی	ب	ر	ج
ج	پ	ح	ے	ذ	ا	چ	ؤ	ب	ٹ	ز	ا	ی	و
ا	گ	ش	ی	ر	ب	ن	د	ر	ڈ	ر	ر	ح	ي
ن	خ	ل	گ	آ	ل	-	د	ُ	ج	م	ے	ظ	ح
و	ن	ٹ	ر	خ	ی	م	ہ	ا	ر	ؤ	ڑ	ص	ژ
ر	ے	ک	ع	ط	گ	ظ	ئ	ل	ر	ں	ل	ب	خ
و	ذ	ٹ	ٹ	پ	ي	ج	ا	د	و	ژ	د	ٹ	ھ
ں	ا	ؤ	گ	د	ق	غ	ر	گ	س	ُ	ش	ؤ	ن

ایکروبیٹ
جانوروں
غبارے
کینڈی
کپڑے
ہاتھی
تفریح
جگلر
شیر
جادو
جادوگر
بندر
موسیقی
پریڈ
شاندار
تماشائی
خیمہ
ٹکٹ
چال

25 - Tools

ل	چ	ه	گ	ن	م	ر	د	س	ی	ڑ	ھ	ی	ا
ئ	م	ب	ی	ل	چ	ہ	ع	ٹ	ا	ر	چ	ض	س
س	ٹ	ی	پ	ل	و	ہ	د	ی	ُ	ت	چ	ي	ت
ر	ا	ں	ق	ی	ن	چ	ی	پ	ڈ	ڈ	ھ	ي	ر
ق	گ	ژ	ی	ہ	ش	پ	ں	ل	ل	ؤ	ر	ش	ا
ُ	ن	پ	ڈ	ر	ت	ُ	ک	ر	س	ی	ی	ل	خ
ط	ڈ	ض	ڑ	س	ز	ھ	غ	ي	ر	ٹ	ف	ڈ	ح
ڑ	پ	ط	د	ئ	ا	ذ	و	ہ	ی	ل	ث	ش	ؤ
خ	ق	ژ	پ	گ	ق	ا	ر	ڑ	ث	ق	ی	ث	ص
ف	ف	ک	ژ	ہ	گ	ن	خ	چ	ا	ئ	ذ	ئ	و
س	-	ظ	ی	ج	ث	ا	ڑ	آ	ھ	ظ	ق	ل	ی
آ	ھ	ع	ظ	ب	ج	ی	ج	ش	غ	ڈ	ض	ل	چ
س	ک	ر	و	ٹ	ل	ک	ؤ	ڈ	ط	ؤ	م	ک	و
ش	ں	گ	ھ	ب	و	س	ي	ے	ف	ں	ئ	پ	گ

ایکس
کیبل
گلو
ہتھوڑا
چھری
سیڑھی
چمٹا
استرا

رسی
قینچی
سکرو
بیلچہ
سٹیپل
سٹیپلر
ٹارچ
وہیل

26 - Restaurant #2

و	ں	ڑ	ج	ف	ض	ک	م	ش	ر	و	ب	ط	ث
ف	پ	ں	ث	آ	آ	ؤ	ز	ڑ	د	ش	ح	ک	ع
ں	ا	ڑ	-	ط	ُ	خ	ی	ئ	ث	ک	و	ھ	و
ت	ڈ	ط	پ	ہ	ھ	ر	د	ت	ف	خ	ڈ	ں	ن
ر	ف	ن	و	ڈ	ل	ز	ا	ص	ا	ک	ن	ج	ب
ک	ش	ک	م	ک	ژ	م	ر	ش	ز	ی	ر	س	ر
ا	ن	ڈ	ے	ک	ا	ش	و	ژ	ح	ک	ی	ن	ف
ر	م	چ	ھ	ل	ی	ن	ی	پ	ا	ن	ی	ا	ئ
ی	ح	س	گ	ل	ن	چ	ٹ	س	ب	ز	ی	ا	ں
ا	ں	ک	ي	ی	ح	ژ	ر	ا	ک	س	ئ	ژ	ہ
ں	ر	خ	ش	ج	ئ	ط	گ	س	ز	ت	و	ئ	ؤ
ک	ر	س	ی	ذ	ڈ	ہ	ق	ظ	د	ض	چ	پ	گ
م	ص	ا	ل	ح	ے	-	م	ں	ی	ظ	م	ھ	پ
د	غ	-	د	ط	ں	ٹ	ج	ُ	ض	ش	چ	ل	

مشروب
کیک
کرسی
مزیدار
ڈنر
انڈے
مچھلی
کانٹا
پھل
برف
لنچ
نوڈلز
ترکاریاں
نمک
سوپ
مصالحے
چمچ
سبزیاں
ویٹر
پانی

27 - Geology

ب	ج	ٹ	ض	گ	ب	ل	ظ	ز	ئ	ژ	ل	ر	س
ب	ي	ژ	ک	ک	ج	ص	ھ	ث	ي	ب	ز	پ	ا
ر	ح	ک	ز	ط	ظ	ش	س	ک	ر	س	ٹ	ل	ئ
ا	س	ٹ	ا	ل	ا	ی	ک	ٹ	ا	ئ	ٹ	ی	ی
ع	ا	گ	ئ	م	ز	و	ل	ا	و	ا	ن	ٹ	ک
ظ	ت	ی	آ	ہ	ع	ل	چ	ؤ	ؤ	و	م	ا	ل
م	ن	ز	س	پ	ر	د	ہ	گ	ں	ط	ک	ؤ	ن
ی	پ	ر	ت	ڈ	ئ	ج	ن	ص	ڈ	ک	و	ر	ل
ت	ض	ل	س	پ	ت	ھ	ر	ی	ظ	ب	ا	پ	ذ
آ	ت	ش	ف	ش	ا	ں	ب	غ	ا	ر	ر	-	ڑ
و	غ	چ	س	ل	ی	آ	ب	ی	ق	ت	ٹ	خ	ھ
ف	و	س	ل	ک	ی	ل	ش	ی	م	پ	ز	ہ	ض
ب	ں	ے	ب	آ	ق	ٹ	ذ	ط	ں	ا	د	ظ	ث
ے	ک	ن	ت	ج	ج	آ	ظ	ط	ز	ي	م	ظ	ن

ایسڈ
کیلشیم
غار
براعظم
کورل
کرسٹل
سائیکل
زلزلہ
کٹاؤ
فوسل
گیزر
لاوا
پرت
معدنیات
پلیٹاؤ
کوارٹز
نمک
اسٹالایکٹائٹ
پتھر
آتش فشاں

28 - House

ک	د	ب	ح	ھ	غ	پ	ھ	س	ے	غ	ا	گ	چ
م	ی	ر	ا	ٹ	ا	ر	ی	ث	ظ	ے	ڈ	م	ا
ر	و	ڈ	و	غ	ق	د	ص	ڈ	خ	چ	ب	ڑ	ب
ہ	ا	ط	ن	ا	ف	ے	ب	غ	چ		چ	ف	ی
ب	ر	ض	ڈ	ڑ	ز	ي	ا	غ	ط	ف	ق	ذ	ا
آ	ا	ی	و	ز	خ	ہ	ڑ	ع	و	ف	ژ	ئ	ں
ق	ح	و	ن	پ	ف	ر	ن	ی	چ	ر	ي	آ	ي
ہ	ی	چ	ر	ش	ا	و	ر		ل	ش	ض	ئ	گ
چ	خ	م		چ	ل	ا	ئ	ب	ر	ی	ر	ی	ی
ر	ث	ن	د	ھ	ی	ڈ	ڑ	چ	ا	ج	ہ	ن	ر
ا	ظ	ی	ت	ت	-	خ	آ	ف	و	ھ	ڑ	ہ	ا
غ	خ	ط	-	ے	ی	ؤ	ا	-	پ	ا	ہ	ز	ج
ے	ش	ؤ	ہ	ژ	ش	ف	ٹ	ن	ڈ	ڑ	ط	ذ	ؤ
ک		-	ھ	خ	ے	س	ٹ	ح	ہ	و	ع	ش	ل

اٹاری
جھاڑو
پردے
دروازہ
باڑ
چمنی
فرش
فرنیچر
گیراج
باغ
چابیاں
باورچی خانہ
چراغ
لائبریری
آئینہ
چھت
کمرہ
شاور
دیوار
ونڈو

29 - School #1

ظ	م	گ	ھ	ح	ص	د	ا	ت	س	ا	ل	ڑ	ڑ
ط	ا	ل	ڑ	ر	ن	ا	ح	ت	م	ا	د	ع	ج
ن	ر	خ	ُ	و	ذ	ئ	ص	ُ	ئ	ر	و	خ	پ
ل	ک	ص	ٹ	ف	ے	ز	ر	ب	م	ن	س	ے	-
ک	ر	پ	ک	ت	ی	س	ر	ک	ق	ط	ت	ل	ڑ
پ	ح	ک	ا	ہ	ک	ی	ت	ا	ب	ا	و	ج	ک
ہ	ز	و	غ	ج	ر	ث	ل	گ	ں	ط	ں	ل	و
غ	ط	ب	ذ	ی	ں	ی	ب	ا	ت	ک	ا	ي	ئ
چ	ف	ط	ڑ	ي	ڈ	ہ	غ	ق	ل	س	ہ	ہ	ز
ئ	و	ر	ڑ	ی	ی	ض	ا	ی	ر	ؤ	ب	ژ	ئ
ظ	ل	ف	ق	د	ق	ث	پ	و	ڈ	ک	ئ	پ	ژ
ژ	ڈ	ئ	گ	ت	ل	ں	م	ث	ٹ	ل	چ	ن	ل
خ	ر	ز	ي	و	م	ی	ز	ج	ش	ظ	ذ	س	ؤ
ن	ز	ث	ض	ث	ز	ُ	ہ	آ	ع	ے	و	ل	ئ

حروف تہجی
جوابات
کتابیں
کرسی
کلاس روم
میز
امتحان
فولڈرز
دوستوں
مزہ

لائبریری
لنچ
مارکر
ریاضی
نمبرز
کاغذ
پنسل
قلم
کوئز
استاد

30 - Dance

ک	گ	و	ئ	ي	خ	ا	ث	و	ف	چ	ج	م	ب
ل	ر	پ	ئ	ج	-	ف	ڈ	ر	ھ	ي	ز	ق	ص
ا	ُ	ل	غ	پ	ی	ض	ع	ب	ح	گ	ژ	ِ	ر
س	ی	ف	ا	ر	گ	و	ی	ر	و	ک	ح	ص	ی
ی	ر	ن	غ	ج	ن	ی	ک	ا	ث	ق	ڑ	ی	ئ
ک	ث	ض	ذ	ث	ڑ	ت	م	ک	م	س	ج	چ	ب
ی	ق	ب	ض	ڑ	ئ	ا	ذ	م	ر	ب	ں	ں	ا
ڈ	ا	ض	ژ	ے	ب	ل	ب	و	ی	پ	ض	ظ	ظ
ت	ف	ر	ق	ں	آ	ز	ا	س	ه	خ	خ	ظ	ه
ی	ت	ف	ا	ق	ث	ی	ڈ	ی	ر	ض	ٹ	ؤ	ا
ط	ژ	ب	ط	ٹ	ت	ت	ح	ق	س	ط	ں	خ	ر
و	پ	ط	ز	ی	ذ	گ	گ	ی	ل	ش	ط	ئ	س
ج	ص	ی	ی	ھ	ت	ا	س	ی	م	ڈ	ی	ک	ا
ؤ	ب	ق	ق	پ	چ	ژ	ؤ	ل	ھ	ي	ن	ی	ر

اکیڈمی
فن
جسم
کوریوگرافی
کلاسیکی
ثقافتی
ثقافت
جذبات

اظہار
حرکت
موسیقی
ساتھی
ریہرسل
تال
روایتی
بصری

31 - Colors

و	و	ظ	ڈ	ب	ڈ	گ	ه	آ	ت	ظ	ے	ئ	ٹ
بُ	ؤ	ا	ن	ڈ	گ	و	ر	و	ں	گ	ط	-	ی
	و	ب	ی	ج	ز	چ	ڑ	ے	ٹ	ج	ف	ک	ے
آ	ن	ه	ل	ل	س	ب	ز	ج	ي	پ	ج	ک	ض
ڑ	ی	ے	ا	ےِ	ی	ف	و	چ	س	ی	ا	پ	ق
ق	س	ظ	و		ا	ٹ	و	ث	ن	ل	م	ع	ذ
ؤ	ف	ب	ی	ش	ه	ي	ر	ژ	ت	ا	ن	ط	پ
چ	ی	گ	ل	ا	ب	ی	ق	ی	ر	ن	ی	ي	ک
ه	د	ب	ر	ا	ؤ	ن	ق	ؤ	ی	ؤُ	ف	ط	ر
ش	ے	ه	ش	ز	ص	ٹ	-	م	خ		ح	ف	م
س	ی	پ	ی	ا	ث	ز	چ	اُ	گ	س	ی	-	س
ض	ی	م	ی	ج	ن	ٹ	ا		ؤ	غ	گ	م	ن
ق	و	ا	س	ر	خِ	ق	ی	آ	ج	-	ه	د	م
آ	ے	ع	ن	ئ		آ	ٹ	ز	چ	آ	ق	ا	ج

بیج
سیاہ
نیلا
براؤن
کرمسن
سیان
فوچسیا
سبز
گرے
انڈگو
میجنٹا
سنتری
گلابی
جامنی
سرخ
سیپیا
وایلیٹ
سفید
پیلا

32 - Climbing

ذ	ن	ض	ن	ص	گ	ز	گ	ہ	ھ	ا	ک	گ	ا
آ	م	-	ق	غ	ے	ئ	ط	س	ب	س	ذ	م	و
س	ں	ی	ش	ر	ظ	ف	ج	ب	ق	ط	ت	ہ	ن
م	ز	ذ	ہ	ی	ل	م	ی	ٹ	ؤ	ج	ر	ڑ	چ
ط	ا	ق	ت	چ	چ	خ	ا	ن	ق		س	ٹ	ا
د	س	ت	ا	ن	ے	ہ	م	ہ	ش		ع	ف	ئ
چ	ت	ر	ق	ج	غ	ا	ر	ئ	ر	ڈ	ر	ح	ی
چ	ح	ب	ث	س	ڈ	ط	چ	ژ	ظ	ڑ	ھ	ظ	ذ
و	ک	ی	ؤ	م	ج	ل	غ	-	ہ	ف	ش	ض	گ
ٹ	ا	ت	ظ	ا	ؤ	ا	ص	ظ	چ	ج	و	ت	ے
و	م	ژ	ص	ن	پ	ی	د	ل	س	ف	ر	ت	و
ت	ق	ا	ح	ی	و	ع	ی	س	چ	ص	ش	ج	ھ
ن	ڈ	ع	خ	د	ث	ڑ	ہ	ئ	ح	ض	ر	س	ض
گ	م	ا	ح	و	ل		آ	گ	ح	ح		س	ی

اونچائی
ماحول
جوتے
غار
تجسس
ماہر
دستانے
ہیلمیٹ

پیدل سفر
چوٹ
نقشہ
تنگ
جسمانی
استحکام
طاقت
تربیت

33 - Shapes

ه	ٹ	ے	م	ز	ا	د	گ	م	ذ	ا	ث	چ	د
چ	ر	ج	س	ض	ر	ا	و	ی	ئ	و	پ	ظ	ا
ڑ	ک	ش	ت	ي	ص	ئ	ل	ل	د	و	ج	ق	گ
ڑ	ث	ؤ	ط	ل	ي	ر	ٹ	ھ	ظ	ل	ج	ه	چ
م	ی	ف	ی	ظ	ع	ه	م	ث	ل	ث	ا	ا	ط
خ	ر	ُ	ل	ی	ڈ	ذ	س	ڑ	ي	ث	گ	ئ	ک
ر	ا	خ	پ	ر	ا	م	ڈ	ل	ے	ں	ک	پ	ن
و	ل	م	ک	ن	ا	ر	و	ں	ن	ُ	ؤ	ر	خ
ط	ا	پ	ر	ز	م	ک	ی	و	ب	ڈ	ب	ب	ش
ُ	ض	خ	ح	ب	ؤ	ن	ل	ش	گ	-	ر	و	و
ا	ل	ں	ڈ	ی	ع	ذ	ي	ح	ض	ئ	ؤ	ل	خ
آ	ا	ں	خ	ض	و	ھ	ي	ح	د	ذ	ض	ا	ں
ر	ع	ئ	ق	و	ک	ھ	ط	ر	ف	ش	ق	ت	ژ
ک	و	ن	ا	ی	چ	ط	ق	ڈ	ڈ	ش	ذ	ئ	ش

آرک
دائرہ
مخروط
کونا
کیوب
خم
سلنڈر
کناروں
بیضوی
ہائپربولا

لائن
اوول
کثیرالاضلاع
پرزم
پرامڈ
مستطیل
گول
طرف
مربع
مثلث

34 - Scientific Disciplines

خ	ز	ح	ی	و	ا	ن	ی	ا	ت	س	پ	ک	ن
د	ژ	ز	ا	م	ی	و	ن	و	ل	و	ج	ی	ف
آ	ث	ا	ر	ق	د	ی	م	ہ	م	ش	ظ	ن	س
ف	ل	ک	ی	ا	ت	ں	ی	ر	ظ	ی	ہ	ی	ی
ک	ی	م	س	ٹ	ر	ی	ي	ف	ے	ا	گ	س	ا
م	ن	ا	ر	ض	ی	ا	ت	ش	ر	ل	ت	ی	ت
ع	ی	ح	ا	ب	و	ح	ن	ع	ض	و	ی	ا	ت
د	و	و	ن	ت	د	ر	ی	ب	-	ج	ب	ل	ئ
ن	ر	ل	ا	غ	ق	ح	ؤ	ا	ا	ی	د	و	ف
ی	و	ی	ٹ	ل	س	ر	ظ	ط	ت	ت	ر	ج	ک
ا	ل	ا	و	ھ	ں	ک	س	ش	ت	ی	ی	ی	ح
ت	و	ت	م	ی	ک	ی	ن	ک	س	خ	ا	ا	و
ض	ج	آ	ی	ؤ	ھ	ا	م	ض	ع	ب	ڈ	ت	ت
ر	ی	خ	ث	ق	ج	ت	ل	س	ا	ن	ی	ا	ت

اناٹومی
آثار قدیمہ
فلکیات
حیاتیات
نباتیات
کیمسٹری
ماحولیات
ارضیات
امیونولوجی
کینیسیالوجی
لسانیات
میکینکس
معدنیات
نیورولوجی
عضویات
نفسیات
سوشیالوجی
حرحرکیات
حیوانیات

35 - School #2

ض	پ	ھ	ذ	ا	س	ت	ا	د	س	گ	ڈ	گ	ض
ے	ظ	ن	ؤ	ک	پ	ح	ص	م	ر	س	ک	ر	پ
ژ	غ	ڈ	س	ی	ل	ل	ص	-	گ	ک	م	ا	ط
ا	غ	ہ	ذ	ل	ا	ا	ؤ	د	ر	ت	پ	ئ	ص
د	ج	ب	س	ن	ئ	ئ	ئ	ذ	م	ا	ی	م	ا
ق	و	آ	ل	ڈ	ی	ب	آ	ُ	ی	ب	و	ر	ڑ
ا	ی	س	غ	ر	ف	ر	ئ	ح	ا	ی	ٹ	ا	ف
خ	ذ	ن	ت	ع	ل	ی	م	ی	ں	ں	ر	ھ	غ
پ	ذ	ع	چ	و	ر	ر	ذ	ا	ک	ا	غ	ذ	س
ؤ	ہ	ز	ي	ی	ں	ی	ھ	د	ک	ھ	ی	ل	ا
ت	ع	ل	ی	م	ئ	س	س	ب	ی	گ	ا	ح	ئ
ٹ	پ	ل	ک	ہ	ڑ	ف	گ	و	ع	ي	د	ز	ن
ط	ل	ں	آ	ي	ل	ع	ئ	ٹ	ئ	ذ	ض	ؤ	س
ض	آ	ڑ	پ	ن	ف	ص	ي	ڑ	ق	ت	ں	س	چ

تعلیمی
سرگرمیاں
بیگ
کتابیں
بس
کیلنڈر
کمپیوٹر
لغت
تعلیم
دوستوں

کھیل
گرائمر
لائبریری
ادب
کاغذ
پنسل
سائنس
قینچی
سپلائی
استاد

36 - Science

ض	ط	پ	ئ	ح	ڈ	ف	و	س	ل	م	ا	ڑ	س
آ	ب	و	ہ	و	ا	ی	ے	و	ک	ش	ی	ح	ا
ن	ی	د	ق	ؤ	م	ر	ٹ	ھ	ب	ا	ٹ	ژ	ئ
ی	ع	ے	ث	ک	غ	م	ت	ا	ل	ہ	م	ں	ن
گ	ی	س	خ	ش	ی	چ	ف	ق	ظ	د	ب	چ	س
ق	ا	ں	ژ	ش	ج		ی	پ	ا	ہ	و	م	د
ک	ت	ل		ث	ک	ض	ا	ل	ز	ء	ط	ق	ا
ے	ل	ے	ح	ق	ی	ق	ت	ی	ف	ط	ر	ت	ن
ر	ن	خ	ئ	ل	م	ش	ذ	ب	چ	ش	ی	ج	ث
ج	م	ع	د	ن	ی	ا	ت	ا	ذ	ض	ق	ر	ک
ص	ک	ب	س	ق	ا	ا	ظ	ر	غ	ر	ہ	ب	چ
	ب	ہ	-	س	ئ	ڑ	د	ٹ	ظ	چ	ا	ہ	ظ
ک	گ	ا	ھ	ڑ	ی	ڈ	ک	ر	ش	ط	ا	ت	آ
م	ف	ر	و	ض	ہ	ت	ر	ی	د	س	گ	ض	ئ

ایٹم
کیمیائی
آب و ہوا
ڈیٹا
ارتقاء
تجربہ
حقیقت
فوسل
کشش ثقل
مفروضہ

لیبارٹری
طریقہ
معدنیات
فطرت
مشاہدہ
ذرات
طبیعیات
پودے
سائنسدان

37 - To Fill

گ	پ	ڈ	آ	چ	ج	ح	پ	ئ	ئ	ز	ک	-	ب
د	ل	ژ	ق	ٹ	ا	ش	ی	گ	ُ	ش	ا	ب	ا
ر	ف	د	ب	ی	ر	ل	ک	ر	ی	ٹ	ر	و	ل
ا	ا	ب	س	ج	ج	ے	ٹ	ڈ	س	ز	ٹ	ت	ٹ
ز	ف	ی	چ	ت	ہ	آ	ز	ئ	ح	ظ	ن	ل	ی
ث	ے	گ	ڈ	ھ	ے	ف	ي	ژ	ف	-	س	پ	ذ
ڑ	ھ	ی	ا	م	ب	ر	ت	ن	ص	ٹ	ز	د	ژ
ُ	ي	ٹ	ب	ی	س	ن	ت	ی	غ	ڈ	ج	ڑ	ظ
ر	ض	و	ی	ہ	س	ے	و	ی	ڑ	ح	ی	ص	ظ
ڑ	ر	ک	ف	و	ل	ڈ	ر	ش	ب	چ	ب	گ	آ
ع	خ	ر	ت	ب	ب	ب	ت	آ	ق	ث	-	ڈ	م
ھ	ں	ی	ث	چ	ی	ہ	ُ	ہ	ف	ڑ	آ	ٹ	ی
ش	ز	ص	ي	خ	ض	و	ڑ	ش	ر	ع	ُ	ر	ں
آ	ں	ے	ذ	ذ	خ	ف	و	ن	آ	ژ	ض	ث	ئ

بیگ
بیرل
بیسن
ٹوکری
بوتل
ڈبہ
بالٹی
کارٹن
کریٹ
دراز

لفافے
فولڈر
جار
پیکٹ
جیب
ٹرے
ٹب
ٹیوب
گلدستے
برتن

38 - Summer

ج	ل	ئ	ي	ھ	ل	م	ز	ئ	چ	ي	خ	ل	ج
ک	ی	م	پ	ن	گ	آ	و	ذ	ھ	م	چ	ُ	ض
غ	ا	ب	د	گ	ھ	ر	ؤ	س	ٹ	ؤ	ت	ض	ق
ج	ے	گ	و	س	ج	ا	ُ	ا	ی	س	ف	ر	خ
ھ	ک	و	س	ی	ج	م	ل	ح	آ	ق	ر	د	و
ی	ھ	ذ	ت	ن	ز	خ	ر	ل	س	ف	ی	پ	ش
ب	ا	غ	و	ڈ	د	ا	س	س	د	ت	ح	ج	ی
ٹ	ن	د	ں	ل	س	ن	م	م	ي	ک	ا	ڈ	و
ع	ا	ض	ی	ہ	و	د	ن	ن	و	ھ	ہ	ر	ک
ڑ	ج	د	ح	ں	ڈ	ا	د	د	ہ	ی	ہ	ج	ے
ک	ت	ا	ب	ی	ں	ن	ر	ر	آ	ل	گ	ظ	پ
م	ؤ	ر	پ	ز	ُ	ر	ن	ے	ب	ص	ت	ج	ُ
و	ز	ک	س	ي	ُ	گ	ڈ	ا	ئ	ی	و	ن	گ
ٹ	خ	ت	ں	ٹ	ذ	ض	ژ	ع	ض	ج	ن	ض	ں

ساحل سمندر
کتابیں
کیمپنگ
ڈائیونگ
خاندان
کھانا
دوستوں
کھیل
باغ
گھر

خوشی
تفریح
یادیں
موسیقی
آرام
سینڈل
سمندر
ستارے
سفر
چھٹی

39 - Clothes

ت	ظ	ح	ب	ج	و	ت	ا	د	س	ت	ا	ن	ے
ه	ں	د	ل	ی		ض	ج	گ	پ	ک	ڑ	ا	ے
ب	ش	ے	ا	ک	ل	ف	ی	ش	ن	ت	ر	ل	ڑ
ن	ع	ز	ؤ	ٹ	ھ	ٹ	ن	س	ط	ا	ل	ٹ	ں
د	ل	خ	ز	ي	ک	و	ز	ت	ي	ا	ز	و	ؤ
س	ی	ن	ڈ	ل	ص	ص	ر	ل	ب	ا	س	پ	ن
ح	ں	ک	و	ٹ	پ	ا	ج	ا	م	ے	ز	ی	س
ق	م	ی	ض	گ	غ	س	غ	ی	ط	ژ	ن	ذ	و
ه	پ	ی	ح	ھ	ي	غ	ع	س	ک	ا	ر	ف	ی
ا	ج	ح	گ	ے	ظ	ب	م		ي	ے	ق	ط	ٹ
ر	ن	ب	ه	ک	ی	س	ق	ڑ	ط	ز	ج	ں	ر
ڈ	ظ	ب	غ	ک	ح	ض	ز	ح	ٹ	ط	و	ش	
ي	ڈ	ھ	ر	ف	ش	ج	ک	س	ب	ظ	ي	غ	ھ
ع	ط		ع	ي	ئ	-	ي	ي	ڈ	ض	ح	چ	ش

تہبند
بیلٹ
بلاؤز
کڑا
کوٹ
لباس
فیشن
دستانے
ٹوپی
جیکٹ
جینز
ہار
پاجامے
پتلون
سینڈل
سکارف
قمیض
جوتا
سکرٹ
سویٹر

40 - Insects

ص	پ	ا	ت	ض	ٹ	م	ظ	ژ	غ	س	ش	ي	ه
ظ	ض	ح	چ	ژ	ي	ٹ	ک	ل	ج	ں	ج	ص	ه
ح	پ	ی	غ	ه	ک	د	ڈ	ھ	ی	ش	ز	گ	د
ب	ی	ٹ	ل	ا	ر	و	ا	ڈ	ی	ڈ	س	ط	ی
ش	آ	غ	ُ	ر	ج	و	ژ	ض	ی	س	ی	ک	م
ڈ	ر	ی	گ	ن	ف	ل	ا	ئ	ی	ک	ک	ب	ک
ک	ی	ڑ	ا	ی	ا	ٹ	ے	آ	م	ا	ا	خ	گ
ص	ظ	ر	ن	ٹ	ؤ	ڈ	ض	ط	ض	ڈ	ک	ؤ	ط
م	چ	ھ	ر	ڈ	ش	ی	ف	چ	ن	ا	ر	خ	ڑ
-	ی	ص	گ	ف	ظ	غ	-	ئ	ي	ع	و	آ	ن
ک	و	ظ	ح	ر	ظ	ظ	غ	غ	ے	ن	چ	ن	س
خ	ن	ب	ھ	ڑ	پ	س	و	ت	ت	ل	ی	چ	ڑ
ق	ٹ	م	ی	ک	ڈ	و	ٹ	ڈ	ب	س	ن	ئ	ف
ی	ی	ڈ	ؤ	ک	م	ڈ	ط	-	د	ف	ں	ُ	ط

چیونٹی
مکھی
بیٹل
تتلی
سکاڈا
کاکروچ
ڈریگن فلائی
پسو
ٹڈڈی
ہارنیٹ
لیڈی بگ
لاروا
ٹڈی
مچھر
دیمک
بھڑ
کیڑا

41 - Astronomy

چ	خ	ئ	ت	ک	ہ	ک	ش	ا	ں	ا	م	ت	ب
ئ	و	آ	ا	ؤ	ژ	پ	ي	ب	ں	ُ	خ	ژ	ر
و	ا	ر	ب	ڑ	-	غ	ک	ص	ظ	س	ٹ	ے	ہ
ث	ں	م	ک	ز	گ	م	ض	ر	ع	ژ	ر	ظ	م
و	س	ہ	ا	غ	ر	س	پ	ر	ن	و	و	ا	ا
خ	ی	ح	ر	آ	ہ	و	ذ	ا	ش	ص	چ	ُ	ن
ل	ٹ	ش	ی	ث	ن	ؤ	ی	ک	ن	ز	ُ	ں	ڈ
ا	ل	ُ	و	آ	ض	ا	ل	ٹ	ث	ت	م	ت	ث
ب	ا	ؤ	ُ	و	چ	ا	ن	د	ر	ص	ی	ی	م
ا	ئ	آ	س	م	ا	ن	ث	ج	ق	ی	ٹ	خ	ن
ز	ٹ	س	ی	ا	ر	ہ	ت	آ	م	ؤ	ی	ڈ	ژ
ن	ی	ب	و	ل	ا	ڑ	ک	ق	ے	آ	و	ي	ر
م	ا	ہ	ر	ف	ل	ک	ی	ا	ت	ر	ر	ڑ	چ
ذ	س	ی	ا	ر	چ	ہ	ن	ک	ش	ت	ر	ڑ	ئ

سیارچہ
خلاباز
ماہر فلکیات
نکشتر
برہمانڈ
زمین
گرہن
ویشوو
کہکشاں
میٹیور

چاند
نیبولا
آبزرویٹری
سیارہ
تابکاری
راکٹ
سیٹلائٹ
آسمان
سپرنووا
رقم

42 - Pirates

ل	ن	گ	ر	ج	ع	ل	چ	ں	س	ا	ہ	س	ک
پ	ر	چ	م	ں	م	ی	ا	س	ک	ے	ج	ژ	ڑ
-	ذ	ث	ي	ژ	ل	ج	گ	ا	و	گ	گ	ا	خ
ج	ز	ی	ر	ہ	ہ	ن	ل	ح	ط	ن	غ	ڑ	و
خ	ک	خ	ھ	و	ن	ڈ	ے	ل	خ	ز	ا	ن	ہ
ط	ؤ	پ	گ	چ	س	ز	ض	س	ھ	ط	ر	ے	ط
ژ	ت	ع	ت	م	ض	ؤ	آ	م	ک	س	ر	پ	و
س	ڑ	ذ	ل	ا	ذ	ض	ا	ن	ں	ے	ُ	ہ	ط
ا	س	ص	و	آ	ن	ھ	ق	د	ا	غ	ض	گ	ا
ک	م	پ	ا	س	آ	ک	ي	ر	ی	د	ع	ف	ص
ھ	ڑ	ڈ	ر	ط	آ	ژ	ش	ہ	ب	ن	س	ر	ک
ا	خ	غ	پ	ؤ	پ	ے	ڑ	خ	غ	ظ	س	ر	م
ن	ق	ش	ہ	ز	س	س	ر	ر	ب	ر	ا	چ	ث
ہ	ئ	و	خ	ث	ژ	ص	ص	ٹ	ُ	ہ	پ	ت	ز

ساہسک
لنگر
برا
ساحل سمندر
کپتان
غار
سکے
کمپاس
عملہ
خطرہ

پرچم
سونا
جزیرہ
لیجنڈ
نقشہ
طوطا
رم
داغ
تلوار
خزانہ

43 - Time

ی	ڈ	ث	ڑ	ع	ڑ	د	ہ	ط	ب	ت	ے	س	گ
ک	ل	پ	ج	ت	م	ڈ	ڑ	ھ	ے	م	ع	ا	گ
ی	ا	ل	و	ق	ُ	ا	غ	ذ	خ	گ	خ	ل	-
ل	ے	ط	ئ	ئ	آ	ج	گ	-	ڈ	ا	ل	ک	ي
ن	د	پ	ب	-	ٹ	ے	ھ	پ	ہ	ل	ے	گ	س
ڈ	ث	ن	ر	ُ	ض	ش	ڑ	ب	ف	ی	-	ھ	ا
ر	ا	ب	ت	د	ا	ئ	ی	خ	ت	ي	ح	گ	ل
س	ٹ	خ	ں	ھ	د	ن	غ	-	ہ	م	ا	ہ	ا
ؤ	ب	-	ا	ص	ب	ح	پ	ب	ژ	س	د	ر	ن
ڑ	ط	ڈ	آ	ژ	د	و	پ	ہ	ر	ت	ن	ٹ	ہ
ي	ز	ہ	ی	ب	ہ	ی	ا	ب	ي	ق	ل	ڑ	ب
ڑ	-	ر	د	خ	ا	م	ز	ل	ت	ب	ش	ژ	ج
د	پ	خ	ا	ث	ئ	ت	ن	ت	ع	ل	گ	ہ	-
ت	ز	غ	ک	ت	ی	س	خ	ٹ	گ	ھ	ن	ٹ	ہ

سالانہ
پہلے
کیلنڈر
صدی
گھڑی
دن
دہائی
ابتدائی
مستقبل
گھنٹہ

منٹ
ماہ
صبح
رات
دوپہر
اب
آج
ہفتہ
سال
کل

44 - Buildings

ی	و	ن	ی	و	ر	س	ٹ	ی	ت	ش	ف	ژ	ز
چ	ق	س	پ	ر	م	ا	ر	ک	ی	ٹ	و	ب	ل
ہ	و	ٹ	ل	ت	س	ف	ا	ر	ت	خ	ا	ن	ے
ج	ب	ئ	ت	ھ	ہ	ا	س	ٹ	ل	ک	ذ	ؤ	ل
ٹ	ہ	-	ف	ی	ک	ٹ	ر	ی	ؤ	ا	گ	ث	ی
م	ا	س	ص	ٹ	ا	پ	ا	ر	ٹ	م	ن	ٹ	ب
ی	خ	و	پ	ر	ع	س	ن	ی	م	ا	ڈ	ث	ا
و	خ	ط	ر	ت	پ	و	ٹ	ب	ث	خ	ک	ط	ر
ز	چ	پ	غ	ض	ا	ژ	خ	ی	م	ہ	ی	م	ٹ
ی	ف	ب	ب	س	س	ل	ر	ح	ڈ	ا	ب	ظ	ر
م	ح	ط	س	آ	ک	ہ	و	ہ	پ	ی	ن	ظ	ی
ن	آ	ب	ز	ر	و	ی	ٹ	ر	ی	ی	م	ؤ	ڈ
ط	د	ظ	ک	ئ	ل	ؤ	ح	ھ	خ	ئ	م	ي	ک
ق	ل	ع	ہ	ب	ا	ر	ن	ڑ	ٹ	ژ	ٹ	آ	د

اپارٹمنٹ
بارن
کیبن
قلعہ
سنیما
سفارت خانے
فیکٹری
ہسپتال
ہاسٹل
ہوٹل
لیبارٹری
میوزیم
آبزرویٹری
اسکول
اسٹیڈیم
سپر مارکیٹ
خیمہ
تھیٹر
ٹاور
یونیورسٹی

45 - Herbalism

س	ج	چ	گ	م	پ	غ	س	و	ن	ف	ذ	ُ	-
ع	ذ	ٹ	ک	س	ا	ل	ب	ح	ذ	د	ا	ئ	د
پ	ا	ڑ	ت	-	ع	ي	ز	ا	ص	و	ئ	ض	ق
آ	ف	ح	ٹ	ے	ط	ر	ع	ح	غ	ن	ق	ٹ	ل
پ	ل	ا	ن	ٹ	ر	ب	ف	ٹ	خ	ی	ه	ھ	ق
ا	خ	ض	ت	ض	خ	ی	ر	ص	ک	ج	ھ	ھ	ُ
ک	و	ٹ	ل	د	ا	ر	ا	ژ	ک	ٹ	ھ	ر	ا
آ	ش	ر	س	ق	ن	ه	ن	ر	ت	-	ز	ل	غ
ع	ب	ل	ی	و	ی	ن	ڈ	ر	ج	ز	و	ه	ژ
ف	و	ه	آ	گ	ق	ث	ب	ی	پ	ے	ٹ	س	ض
ب	د	ب	ی	ڑ	ا	ڈ	ن	ھ	-	ھ	ھ	ن	ش
ف	ا	ئ	د	ه	م	ن	د	ث	ل	ں	و	پ	ز
ص	ر	گ	ل	ھ	ڑ	و	و	ؤ	ک	-	آ	ل	ُ
ش	ق	غ	-	ؤ	ث	آ	ا	ج	م	و	د	ا	و

خوشبودار
تلسی
فائده مند
پاک
سونف
ذائقہ
پھول
باغ
لہسن
سبز

جزو
لیوینڈر
کٹھرا
ٹکسال
اوریگانو
اجمود
پلانٹ
دونی
زعفران
طرخان

46 - Toys

ڑ	ه	ض	ھ	ئ	آ	پ	ف	ک	ھ	ی	ل	ه	آ
ف	ح	ف	غ	س	ں	ی	ت	ق	ت	س	آ	و	ک
غ	پ	ج	ج	ص	ه	ن	ب	ن	ھ	ا	ف	ا	ش
ئ	ف	ث	غ	ح	و	ٹ	ر	ک	گ	ئ	ب	ئ	ت
ی	ذ	ذ	ث	آ	ذ	ن	ی	ک	و	ی	ط	ی	ی
ق	د	س	ت	ک	ا	ر	ی	ذ	ي	ک	ض	ج	ں
گ	ی	ن	د	ا	ت	خ	ی	ل	چ	ل	ھ	ه	ص
ش	ے	ؤ	ڈ	ر	م	ڑ	س	ک	ت	م	ه	ا	-
ج	ط	ژ	ي	ق	ج	ص	ث	-	ه	ٹ	آ	ز	گ
ق	آ	ر	پ	س	ن	د	ی	د	ه	ی	ں	-	ڑ
ت	گ	و	ن	غ	ي	ج	ر	ے	ھ	ٹ	آ	م	ی
ے	ذ	ب	ڑ	ج	ژ	ی	ں	ج	ں	ع	د	ق	ا
ی	ض	و	پ	ه	ی	ل	ی	ر	ئ	ل	چ	ڈ	ا
و	آ	ٹ	ر	ی	ن	ڈ	ع	ڑ	خ	ں	ک	ع	ص

ہوائی جہاز
گیند
سائیکل
کشتی
کتابیں
کار
شطرنج
مٹی
دستکاری
گڑیا

ڈرم
پسندیدہ
کھیل
تخیل
پتنگ
پینٹ
پہیلی
روبوٹ
ٹرین
ٹرک

47 - Vehicles

ا	آ	ھ	ھ	د	غ	خ	ث	ک	پ	ر	پ	ه	ن
ن	و	ژ	ؤ	ت	ح	ظ	ذ	ا	خ	ھ	ع	و	چ
ج	ه	ز	ه	ي	س	ر	ر	ر	م	ؤ	ه	ا	خ
ن	غ	ئ	ق	ں	ي	ظ	ژ	ه	و	ث	ی	ئ	آ
ا	ض	ُ	ٹ	ظ	ص	آ	آ	ی	ٹ	ف	ل	ی	ھ
ی	ث	ق	ا	ف	ل	ه	ب	ن	ر	ح	ی	ج	ھ
م	س	ا	ئ	ی	ک	ل	ی	د	آ	ث	ک	ه	ژ
ب	ب	س	ر	ر	ش	و	ڑ	ژ	و	غ	ا	ا	ٹ
و	و	ؤ	ا	ی	ت	ک	ا	ن	خ	ز	پ	ز	چ
ل	ے	م	ک	ٹ	ی	ک	س	ی	ڑ	ص	ٹ	ب	ت
ی	آ	ث	ٹ	ر	ی	ک	ٹ	ر	ش	آ	ر	آ	س
ن	ض	ز	ئ	و	ے	ژ	خ	ڈ	ی	ع	م	م	چ
س	ک	و	ٹ	ر	ل	ع	ي	ص	ي	ژ	ل	چ	ذ
ٹ	ر	ک	ز	ق	ح	ں	ئ	پ	ی	ق	ت	ر	ے

ہوائی جہاز
ایمبولینس
سائیکل
کشتی
بس
کار
قافلہ
انجن
فیری
ہیلی کاپٹر

موٹر
بیڑا
راکٹ
سکوٹر
آبدوز
سب وے
ٹیکسی
ٹائر
ٹریکٹر
ٹرک

48 - Flowers

گ	ل	ی	و	ی	ن	ڈ	ر	ق	ظ	ٹ	ؤ	ذ	ج
ظ	ل	ا	ل	ہ	ظ	ع	ھ	آ	ژ	ک	ے	ق	ں
پ	ت	د	ر	ص	چ	م	ی	ل	ی	آ	ڑ	ي	گ
ی	ن	ل	س	ح	ع	ی	آ	ت	خ	ی	آ	ں	ط
و	ؤ	ک	ل	ت		گ	ر	غ	ہ	ب	س	ک	س
ن	ظ	ن	ھ	ق	ہ	ن	ک	ج	و	ظ	ہ	ج	و
ی	ت	ق	و	ڑ	س	و	ڈ	ذ	ک	ط	ش	ل	ر
ھ	ن	ح	ؤ	ص	ی	ل	پ	و	س	ت	ا	چ	ج
ا	غ	س	ص	ق	ذ	ی	ل	ڈ	گ	ع	خ	ث	م
ر	چ	آ	ؤ	چ	گ	ا	و	ی	ط	ط	ہ	پ	ک
ز	ئ	ز	ی		ع	ح	م	ز	ئ	ھ	ہ	ص	ھ
خ	ب	ئ	ڈ	ڑ	ے	چ	ر	ی	ق	ت	ص	ی	ی
ش	و	ھ	ج	د	م	ت	ی	ي	ص	خ	ف	ل	م
ز		ی	ف	ہ	گ	ل	ا	ب	ا	غ	ی	ہ	چ

گلدستہ
سہ شاخہ
ڈیزی
باغیہ
ہبسکس
چمیلی
لیوینڈر
للی
میگنولیا
آرکڈ
پیونی
پنکھڑی
پلومریا
پوست
گلاب
سورج مکھی
لالہ

49 - Town

ے	ه	و	ٹ	ل	گ	ط	ب	ش	ر	ج	چ	س	ٹ
س	ٹ	و	ر	ه	م	ک	م	ژ	ؤ	ؤ	ط	ن	ع
ژ	ا	م	ا	س	ح	ي	خ	گ	ت	ز	ط	ی	م
م	س	ا	ن	ئ	ث	ڈ	ت	ھ	ی	ٹ	ر	م	ف
-	ک	ر	س	م	ی	و	ز	ی	م	ل	ژ	ا	ا
ب	و	ک	ه	ف	ل	ا	ئ	ب	ر	ی	ر	ی	ر
ی	ل	ی	ح	ل	س	ز	ڈ	ا	چ	ا	آ	ی	م
ن	-	ٹ	ش	و	ج	ق	ھ	ے	ڑ	س	ذ	ظ	ی
ک	ب	س	پ	ر	م	ا	ر	ک	ی	ٹ	ک	ص	س
ل	ؤ	ی	ژ	س	ے	ح	پ	ی	ا	ی	ئ	ے	ی
ی	ح	و	ک	ٹ	ٹ	آ	ُ	ف	گ	ڈ	ش	ں	ے
ن	ڑ	پ	ی	ر	ا	ں	ب	ے	ھ	ی	ض	-	ج
ک	د	گ	گ	ئ	ی	ه	ژ	گ	ر	م	-	-	ز
ی	و	ن	ی	و	ر	س	ٹ	ی	ه	ر	گ	ئ	ؤ

هوائی اڈے
بیکری
بینک
کیفے
سنیما
کلینک
فلورسٹ
گیلری
ہوٹل
لائبریری

مارکیٹ
میوزیم
فارمیسی
اسکول
اسٹیڈیم
سٹور
سپر مارکیٹ
تھیٹر
یونیورسٹی
چڑیا گھر

50 - Antarctica

د	ر	ج	ہ	ح	ر	ا	ر	ت	م	ب	ڈ	ُ	-
ج	ا	ز	پ	ف	ئ	پ	خ	ظ	ح	ا	ش	م	و
ض	ک	ا	آ	ظ	ب	ق	ظ	ہ	ق	د	د	د	ذ
ٹ	ی	ئ	ی	چ	-	پ	ز	ب	ق	ل	ک	-	-
م	پ	ر	ن	د	و	ں	ع	ک	ح	غ	س	ک	-
ؤ	ن	و	م	ق	ے	ن	ل	ُ	ث	ط	ن	و	و
س	م	ت	گ	ج	ز	ی	ر	ہ	ن	م	ا	و	ی
ف	ا	ط	ق	ر	پ	ا	ن	ی	ت	د	ص	ئ	ت
ض	ح	ئ	ذ	ل	ا	ا	گ	ص	آ	ط	ب	ش	ژ
ح	و	ل	ن	ف	ی	ف	ل	ل	ص	ز	ر	ش	غ
ط	ل	گ	ٹ	س	ر	ب	ی	م	ہ	م	ا	ک	ؤ
ت	ح	ف	ظ	ا	ی	ُ	ش	ق	ص	ع	ع	ا	ع
ج	ظ	ج	غ	ر	ا	ف	ی	ہ	س	پ	ظ	پ	د
ب	ر	ف	ڈ	چ	خ	ؤ	ر	ذ	ب	ے	م	ئ	ئ

برف
جزائر
منتقلی
جزیرہ نما
محقق
راکی
سائنسی
درجہ حرارت
ٹپوگرافی
پانی

بے
پرندوں
بادل
تحفظ
براعظم
کوو
ماحول
مہم
جغرافیہ
گلیشیر

51 - Ballet

س	ا	م	ع	ی	ن	ن	ک	ی	ل	س	ف	ر	ص
ث	و	ب	ج	ژ	غ	ف	ن	ک	ا	ر	ا	ن	ہ
غ	ے	ل	ذ	ر	پ	ٹ	ھ	و	ں	ی	ر	م	ں
ُ	غ	ب	و	آ	ک	خ	پ	ر	ش	ج	د	ہ	س
ژ	س	ن	ت	ک	ن	ی	ک	ی	ت	د	ي	ا	ڈ
ر	ی	ہ	ر	س	ل	ص	ث	و	ب	ۓ	ت	ر	ا
م	ق	ا	س	ب	ا	ق	ژ	گ	ص	ُ	ت	ت	آ
و	ا	ا	آ	ر	ک	س	ٹ	ر	ا	ظ	ہ	ا	ر
س	ش	-	ص	ص	ب	س	ٹ	ا	ئ	ل	ڑ	ُ	ص
ی	ا	د	ذ	ے	چ	ذ	ش	ف	د	ف	ص	ج	گ
ق	ر	ث	ح	ح	م	و	س	ی	ق	ی	ذ	پ	غ
ا	ہ	-	ئ	ک	ذ	غ	غ	م	ی	ف	ف	ئ	ڑ
ر	ؤ	پ	ں	ر	ڑ	ز	ف	ں	د	-	ض	ڈ	-
ل	آ	ظ	ب	ح	ذ	-	ز	ؤ	ت	ا	ل	ف	ن

فنکارانہ
سامعین
کوریوگرافی
موسیقار
رقاص
اظہار
اشارہ
شدت
اسباق

پٹھوں
موسیقی
آرکسٹرا
ریہرسل
تال
مہارت
سولو
سٹائل
تکنیک

52 - Human Body

ے	ٹ	ا	ن	گ	ک	ف	ل	خ	ی	پ	ی	ا	و
ٹ	خ	ٹ	ؤ	غ	ا	ل	پ	ڑ	گ	ھ	ٹ	ن	ا
ب	ن	ک	ھ	ڈ	ن	ي	ت	خ	ر	ع	ئ	گ	ھ
-	و	ہ	ن	و	ط	-	ث	ح	د	آ	ذ	ل	ک
م	ں	ن	ا	د	ڑ	ض	ط	س	ن	ج	-	ی	ک
ث	ن	ی	ک	ھ	ھ	ی	ت	ب	ض	ف	س	ج	ذ
ے	چ	ہ	ر	ہ	ں	ے	د	ل	ز	ز	ذ	خ	ي
ق	ہ	ا	س	ر	ُ	گ	ہ	ئ	ں	ے	ا	آ	ف
ز	ڈ	ت	ش	س	ڑ	ل	ے	ڈ	ق	ط	آ	ج	ي
ا	ی	ھ	ج	ل	د	ؤ	ر	د	ہ	ف	ر	ب	ص
خ	و	ن	ذ	آ	ؤ	ي	و	م	ض	ج	گ	ڑ	ش
ڑ	ں	ے	ھ	آ	ر	ع	ف	ا	ڑ	خ	ج	ے	ی
ص	ج	ک	و	ُ	ث	س	م	غ	م	ر	ي	ر	خ
ب	ش	ي	و	ز	ث	پ	ک	ہ	د	م	ں	ش	ي

سر
دل
جبڑے
گھٹنا
ٹانگ
منہ
گردن
ناک
کندھے
جلد

ٹخنوں
خون
ہڈیوں
دماغ
ٹھوڑی
کان
کہنی
چہرہ
انگلی
ہاتھ

53 - Musical Instruments

ؤ	ق	م	ڈ	ن	ڈ	ژ	ئ	ق	ص	و	ر	ہ	-
ژ	ط	ج	ھ	گ	ؤ	م	ا	ر	ی	م	ب	ا	گ
ن	ٹ	ئ	و	س	و	گ	ہ	ا	ر	پ	ا	ر	ا
م	د	ق	ل	ط	ض	ن	ٹ	ب	م	آ	ب	م	ڈ
ل	ڈ	ث	ا	ڈ	ر	ا	گ	ا	و	ب	و	و	ج
ُ	و	م	ی	ن	ڈ	و	ل	ن	ر	ن	ا	ن	پ
ئ	ج	ت	چ	ٹ	غ	ڈ	ژ	آ	ا	ج	ئ	ی	ی
ٹ	ر	ي	پ	ث	ؤ	ُ	ں	ح	د	و	ل	ک	ا
ز	ب	ں	ت	ط	س	ث	ت	ڈ	خ	ظ	ن	ا	ن
ض	ا	ا	ؤ	س	ی	ک	س	و	ف	و	ن	آ	و
خ	ن	ث	س	ٹ	ل	آ	ظ	ش	ع	ل	ن	ح	ف
ئ	س	پ	ہ	و	و	ڈ	چ	ص	ز	گ	خ	س	ط
ٹ	ر	م	ب	و	ن	ذ	ض	ص	ئ	ؤ	ہ	ع	ی
گ	ی	ظ	ہ	ژ	ش	م	خ	ت	گ	و	ؤ	پ	گ

بنجو
باسون
سیلو
ڈھول
بانسری
گونگ
گٹار
ہارمونیکا
ہارپ

مینڈولن
ماریمبا
اوبو
پیانو
سیکسوفون
رباب
ٹرمبون
صور
وائلن

54 - Cooking Tools

ر	خ	ڑ	ے	ش	و	ج	ز	پ	ب	خ	ئ	س	ڑ
ی	ا	ئ	ڈ	ب	ن	ش	ے	ا	غ	ں	ف	ی	ئ
ف	ض	ح	ے	ي	ن	ض	ٹ	ے	ڈ	پ	ھ	س	ر
ر	چ	ھ	ر	ی	ر	ظ	ف	ں	ي	ں	ق	ٹ	ث
ی	م	و	ق	ع	ع	ش	ُ	چ	س	ہ	ا	ر	ت
ج	چ	ت	ل	ی	ھ	گ	ب	ل	ی	ن	ڈ	ر	ھ
ر	آ	ہ	ح	ہ	ن	ب	ف	ڑ	ش	ي	ھ	ج	ر
ی	ھ	ب	ل	ک	ا	چ	ف	ز	ط	چ	ک	ڑ	م
ٹ	ز	ض	ث	ک	-	چ	ی	-	ک	ا	ن	ٹ	ا
ر	ٹ	ا	گ	ٹ	ي	ھ	ک	ج	ف	ی	ی	ڈ	م
ٹ	و	س	ٹ	ر	ُ	ت	ٹ	ل	چ	و	-	ت	ی
خ	ت	ن	د	و	ر	ي	ل	ظ	ہ	ٹ	غ	غ	ٹ
ھ	م	ظ	ب	گ	ر	ٹ	ر	ی	ا	و	غ	ف	ر
ف	ئ	پ	ع	ج	ٹ	ظ	ی	د	خ	ؤ	ے	س	د

بلینڈر
کٹلری
کانٹا
گرٹر
کیتلی
چھری
ڈھکن
تندور
ریفریجریٹر
قینچی
کفچہ
چمچ
چولہا
تھرمامیٹر
ٹوسٹر

55 - Fruit

آ	ا	ی	و	ا	ک	ا	ڈ	و	آ	ک	ذ	پ	ں
ڑ	ڈ	پ	ئ	ا	ک	ی	ل	ا	ئ	ي	ب	س	گ
و	س	ی	ب	ن	ی	ب	و	د	ق	ظ	چ	ا	ظ
چ	س	ے	ی	گ	ن	ا	ش	پ	ا	ت	ی	ن	ا
ش	-	خ	ر	و	ی	ت	گ	د	د	ر	ر	ج	ن
ک	ی	و	ی	ر	ک	ا	ن	ر	ف	ب	ی	ی	ن
ڑ	ض	ب	ی	م	ر	م	ا	آ	ش	و	ہ	ر	ا
ٹ	ؤ	ا	ق	ع	ٹ	ر	ر	ؤ	م	ز	ت	ض	س
ت	زِ	ن	گ	پ	ا	و	ی	ذ	ذ	ع	ں	ھ	ط
ن		ی	ڑ	چ	ئ	د	ل	پ	پ	ی	ت	ا	ن
ت	ذ	و	ژ	ڈ	ن	-	ب	ے	ع	ض	ڑ	ژ	ص
خ	ط	آ	ت	ب	خ	ک	ژ	ط	چ	ے	ژ	ی	ہ
ئ	ج	ش	یِ	ض	ڈ	ح	ص	قِ	م	ظ	ي	خ	ط
ح	خ	ک	ُ	ف	ق	ئ	ن	ُ	ث	-	ا	گ	ع

سیب
خوبانی
ایواکاڈو
کیلا
بیری
چیری
ناریل
انجیر
انگور
امرود

کیوی
نیبو
آم
تربوز
نیکرٹائن
پپیتا
آڑو
ناشپاتی
انناس
تُوت

56 - Virtues #1

ک	ا	ح	م	و	ث	ر	د	ا	م	ئ	خ	ف	ژ
ھ	ث	ص	ع	ر	آ	ل	ل	ٹ	د	ي	ق	ی	ض
ف	-	ع	م	ل	ی	چ	ک	ظ	د	ا	ے	ص	ظ
ش	ڑ	چ	و	ُ	و	ض	ش	ي	گ	ف	ر	ل	ھ
ُ	ق	گ	ل	ش	ص	ا	ف	پ	ا	ن	ث	ه	آ
ت	ا	ذ	ی	ز	ب	چ	خ	ر	ر	ک	ه	ک	ي
س	ب	ه	ج	ص	ش	ھ	ؤ	ج	ظ	ا	س	ن	ں
گ	ل	ی	ی	آ	ت	ی	و	و	ح	ر	پ	ڑ	ؤ
ڈ	ا	ن	ٹ	ڈ	ز	ح	گ	ش	ژ	ا	س	-	ت
ت	ع	ف	ؤ	ذ	ئ	ا	ئ	ظ	ڑ	ن	ز	ز	پ
م	ت	ج	س	س	ٹ	س	د	ذ	ُ	ه	ُ	ث	ث
د	م	ع	ج	ُ	ط	گ	ب	ک	ظ	ژ	ظ	-	ی
ح	ا	ھ	ا	ے	غ	پ	ض	ں	ے	غ	ژ	ڈ	ھ
ئ	د	ھ	آ	ز	ذ	و	ک	ي	چ	د	ذ	ق	آ

فنکارانہ	مددگار
دلکش	آزاد
صاف	ذہین
متجسس	معمولی
فیصلہ کن	پرجوش
موثر	مریض
ادار	عملی
اچھی	قابل اعتماد

57 - Kitchen

ذ	ہ	ے	ی	ف	و	ر	ک	س	غ	ش	چ	ت	د
و	ڑ	د	چ	م	چ	ٹ	پ	پ	ک	ھ	ا	ن	ا
چ	د	ں	ا	پ	ژ	ط	ظ	ن	ق	-	ق	د	ت
ف	ز	ا	ت	ی	ُ	ض	ط	ج	ن	ع	و	و	ٹ
خ	ش	ل	ن	ہ	ت	ے	ص	ڈ	ا	ع	غ	ر	ھ
خ	ھ	ہ	ے	ي	ب	ب	ش	س	ش	ہ	ؤ	ف	ں
ا	ڑ	خ	ٹ	آ	ت	ن	ی	پ	ک	ن	ڑ	ص	ج
ک	ٹ	و	ر	ا	ُ	گ	د	ی	ش	ر	ُ	ؤ	د
خ	ک	گ	ض	ں	ے	ی	ج	ک	ٹ	ي	ح	ہ	پ
ق	ق	ر	ی	ف	ر	ی	ج	ر	ی	ٹ	ر	ڈ	ر
ط	ي	ل	س	ر	ڈ	ک	ا	و	ح	ت	چ	ر	گ
ل	ق	و	ٹ	ی	ج	گ	ر	م	ص	ا	ل	ح	ے
ھ	ح	پ	ت	ز	ذ	ط	خ	ي	و	و	م	ی	ي
ڈ	ذ	ھ	پ	ر	ت	ع	ب	م	ڈ	ر	-	ا	م

تہبند
کٹورا
کپ
کھانا
فورکس
فریزر
گرل
جار
جگ

کیتلی
چاقو
نیپکن
تندور
ہدایت
ریفریجریٹر
مصالحے
سپنج
چمچ

58 - Art Supplies

خ	ه	ٹ	ع	پ	ا	ن	ی	ُ	گ	ظ	ا	م	ل
ج	ں	ب	ج	ن	چ	ت	ي	ص	ا	ظ	ط	ت	ض
پ	ع	ٹ	ض	س	ه	ا	ر	گ	ذ	ے	آ	ن	و
ژ	ئ	خ	پ	ل	ڑ	ز	ي	ب	-	ک	ن	ي	م
ت	خ	ل	ی	ق	ی	ص	ل	ا	ح	ی	ت	ڑ	ڑ
س	ي	ج	ن	ا	ث	ڑ	خ	غ	ل	م	ٹ	ی	ش
ف	ي	ف	ٹ	د	ل	و	س	چ	ا	ر	ک	و	ل
ر	ت	ی	ل	ه	ط	ا	ُ	س	ڈ	ه	گ	ل	و
ل	ق	ل	ج	آ	غ	ض	ت	ی	غ	ص	ڈ	پ	ڑ
م	ث	د	ص	د	ج	پ	ر	ا	ک	م	ص	ظ	م
ا	ی	ک	ر	ی	ل	ک	ن	ه	ئ	ح	ا	ک	خ
ئ	ل	ز	ژ	ب	ر	ش	گ	ی	ض	ت	ک	ر	-
ص	ط	ڑ	ي	ت	ت	ذ	س	گ	ط	ق	ل	س	ج
س	ت	ک	ا	غ	ذ	ز	و	ن	ے	ؤ	غ	ی	و

ایکریلک
برش
کیمره
کرسی
چارکول
مٹی
رنگ
تخلیقی صلاحیت
گلو
خیالات
سیاہی
تیل
پینٹ
کاغذ
پنسل
میز
پانی

59 - Science Fiction

ت	ح	ں	ص	چ	ع	ج	ڈ	س	ٹ	و	پ	ی	ا
ظ	ذ	خ	خ	س	ا	و	ر	ی	ک	ل	د	ک	گ
ڈ	ؤ	پ	ض	ن	ہ	ہ	ُ	ص	ہ	ي	ن	آ	ر
ق	ب	ر	م	ی	ک	ر	ق	ب	ک	ظ	ی	ب	گ
ر	ٹ	ز	ں	م	ت	ی	ر	ک	ش	چ	ا	گ	ض
د	ق	پ	آ	ا	ا	ق	ق	چ	ا	ٹ	ض	گ	ؤ
ں	د	ذ	ر	و	ب	و	ٹ	ژ	ں	ل	ج	ض	پ
د	ُ	ت	ت	ٹ	ی	ک	ن	ا	ل	و	ج	ی	ئ
غ	ڈ	ق	-	ي	ں	خ	ی	ا	ل	ی	و	س	ق
ک	پ	ر	ا	س	ر	ا	ر	م	س	ت	ق	ب	ل
ڑ	ل	ا	ن	ت	ہ	ا	ئ	ی	ی	س	ث	خ	ن
ص	س	و	ع	ت	ع	د	ھ	م	ا	ک	ے	غ	ھ
-	ط	ز	ن	ز	ث	ت	و	ق	ر	ڑ	ل	ظ	ؤ
ی	و	ٹ	و	پ	ی	ا	ي	ر	ہ	آ	ق	خ	س

ڈسٹوپیا
انتہائی
مستقبل

پراسرار
اوریکل
ٹیکنالوجی
یوٹوپیا

60 - Airplanes

ه	ا	ی	ن	د	ھ	ن	غ	ت	آ	ج	س	خ	ا
و	ا	و	م	ک	ٹ	ن	ب	ع	س	ذ	پ	ص	ؤ
ا	ژ	ئ	ن	ز	و	ل	ا	م	م	س	ا	ف	ر
گ	ظ	-	ی	چ	پ	ں	ر	ی	ا	ل	ض	ؤ	ژ
ص	ش	ث	ظ	ڈ	ا	ب	ہ	ر	ن	ح	ہ	ی	ں
گ	ج	ُ	ژ	ُ	ر	ئ	پ	ر	و	پ	ی	ل	ر
س	ظ	گ	م	ش	-	و	ی	ش	ث	م	ن	ل	ؤ
پ	ف	ز	م	ُ	آ	س	ج	ٹ	ت	ا	ر	ی	خ
س	ھ	ھ	پ	ت	ہ	ا	د	ن	خ	ح	ے	ن	ل
ڈ	ی	ز	ا	ئ	ن	ہ	ڈ	ژ	ئ	و	خ	ڈ	آ
ے	ہ	ا	ئ	ُ	گ	س	-	ر	س	ل	ژ	ن	م
پ	ژ	ن	ل	ف	ا	ک	ُ	س	ی	ٹ	ط	گ	غ
ٹ	ف	ج	ٹ	پ	م	ث	ح	م	ح	ے	خ	ع	چ
ت	غ	ن	ع	ذ	ہ	ھ	ي	ت	ل	ج	ت	ظ	ئ

سابسک
ہوا
ماحول
غبارہ
تعمیر
عملہ
نزول
ڈیزائن
سمت
انجن

ایندھن
اونچائی
تاریخ
ہائیڈروجن
لینڈنگ
مسافر
پائلٹ
پروپیلر
آسمان
ہنگامہ

61 - Ocean

س	ي	ھ	چ	ش	ڈ	ڈ	گ	ز	ق	ز	ظ	و	ُ
ذ	ک	ب	م	-	ص	ؤ	ط	ح	ا	ل	ب	ہ	ڈ
ک	غ	ط	آ	ش	ؤ	ٹ	و	ن	ا	ط	ض	ی	-
ش	ُ	س	ذ	ے	ہ	ٹ	ف	ر	ظ	ک	ض	ل	پ
ر	خ	ش	ت	ي	غ	ک	ا	چ	ل	غ	ن	ل	ں
ق	ز	ل	ا	ؤ	ن	ش	ن	ئ	ل	خ	ٹ	ک	س
ز	-	د	ؤ	ر	م	ت	ز	ر	ی	ف	ض	ظ	ت
آ	ک	ٹ	پ	س	ک	ی	م	ظ	ل	ڈ	ق	ز	ک
ف	ل	ج	ی	ل	ی	ف	ش	ذ	آ	و	ز	ن	و
ک	ہ	ک	چ	ھ	ی	ش	چ	ق	آ	ج	ل	آ	ر
ی	ر	ڈ	و	ل	ف	ن	ک	ں	س	پ	ن	ج	ل
ک	ی	ض	ڈ	ا	ب	ط	ع	ت	ح	ع	ک	گ	ا
ڑ	ں	م	چ	ھ	ل	ی	ظ	ع	ی	ف	پ	ٹ	ٹ
ے	ص	خ	ظ	م	ز	ظ	م	ڈ	ل	ف	ط	ض	ل

طحالب
کشتی
کورل
ڈولفن
ئل
مچھلی
جیلیفش
آکٹپس
شکتی
ریف
نمک
شارک
کیکڑے
سپنج
طوفان
ٹائیڈز
ٹونا
کچھی
لہریں
وہیل

62 - Birds

ک	ہ	-	پ	ث	و	ڑ	ب	ئ	م	ے	ں	ں	ز
و	ی	س	و	آ	و	ی	ط	ہ	ڈ	ٹ	س	چ	و
ا	ر	ن	ع	پ	ی	ن	گ	و	ئ	ن	ٹ	ئ	گ
ٹ	و	و	ر	ب	ت	ق	ت	ژ	ط	س	و	ا	ن
پ	ن	-	ض	ی	غ	غ	ق	چ	ژ	ا	ک	ی	غ
ت	ط	ہ	ی	خ	ر	ل	گ	ک	ش	ن	ن	گ	آ
ش	ت	ر	م	ر	غ	ذ	س	ن	س	ڈ	چ	ل	پ
ں	د	گ	ٹ	ز	-	ڈ	غ	ھ	ب	ے	ہ	ن	س
ث	ض	ں	ظ	ک	ڈ	گ	ب	ز	پ	پ	ط	ر	د
ں	ژ	ر	د	ئ	-	خ	ط	گ	ی	ج	ت	ژ	ب
چ	ت	ن	ھ	ع	م	ئ	خ	ل	ل	ٹ	ل	ُ	ذ
آ	ن	ذ	ت	ہ	ُ	ڈ	چ	ڑ	ی	ا	ا	ض	م
س	ی	ب	ں	ن	و	ں	ح	ذ	ک	و	ی	ل	و
ظ	ظ	پ	ر	ح	ف	ل	ی	م	ن	گ	و	ز	ر

کینری
چکن
کوا
کویل
بطخ
ایگل
انڈے
فلیمنگو
ہنس
گل

ہیرون
شتر مرغ
طوطا
مور
پیلیکن
پینگوئن
چڑیا
بگلا
سوان
ٹوکن

63 - Art

ح	و	ص	ل	ہ	ا	ف	ز	ا	ئ	ی	ر	ع	ن
ھ	ؤ	ے	ؤ	ش	س	ی	ر	ا	م	ک	ٹ	ھ	ض
ہ	آ	ظ	ص	ب	ڈ	ڑ	م	ج	و	ن	ڈ	ش	ک
ؤ	ژ	ے	س	آ	ط	ہ	ج	ا	ڈ	ے	و	چ	ح
ي	ے	ل	م	س	ذ	س	ہ	ش	ن	ث	د	ں	ق
و	پ	ک	ج	ع	ل	ا	م	ت	ش	د	ذ	پ	ی
ط	ا	چ	س	ا	خ	ت	ت	پ	ا	ق	ا	ي	ق
ؤ	و	ظ	م	ں	خ	ص	ش	ی	ع	د	ے	ر	ت
د	ڈ	ت	ہ	ظ	د	چ	ژ	چ	ر	ظ	ڑ	س	پ
ڈ	ڑ	د	ذ	ا	چ	د	و	ی	ی	ل	ذ	ج	س
م	و	ض	و	ع	ر	ق	ج	د	ي	و	ق	ۓ	ن
ے	ت	غ	م	م	خ	چ	ے	ہ	ت	د	ا		د
س	ا	د	ہ	چ	ہ	ب	ت	ژ	و	ب	ص	ر	ی
ذ	م	ڑ	چ	پ	ی	ن	ٹ	ن	گ	ز	ل	پ	ذ

سیرامک
پیچیدہ
ساخت
اظہار
ایماندار
حوصلہ افزائی
موڈ
اصل
پینٹنگز

ذاتی
شاعری
مجسمہ
سادہ
موضوع
حقیقت پسندی
علامت
بصری

64 - Nutrition

ھ	ہ	م	ں	پ	ص	ح	ت	م	ن	د	ر	و	م
ٹ	ا	ک	س	ن	ر	ح	س		ز	ث	ذ	ٹ	چ
ث	ض	ٹ	غ	ب	ح	و	ز	ن	ڈ	ظ	ا	ا	ب
ث	م	ؤ	ي	ز	ع	ط	ٹ	ص	ب		ئ	م	ں
ف	ہ	ڑ	و	ؤ	ؤ	م	ع	ی	ا	ر	ق	ن	ی
ث	غ	ذ	ا	ئ	ی	ت	ج	و	ن	ھ	ہ	ن	ؤ
ک	ا	ر	ب	و	ہ	ا	ئ	ی	ڈ	ر	ی	ٹ	ع
ا	ب	ا	ل	چ	چ	م	و	ص	گ	ٹ	ؤ	ا	ا
ھ	م	ز	ھ	ج	ٹ	ج	ت	ژ	ل	ق	ؤ	ص	د
ز	ک	ر	ب	پ	ن	غ	ہ	و	ص	ح	ت	ق	ا
گ	ڈ	ص	ش		ی	ذ	پ	ح	ا	ا	ر	ی	ت
ش	و	آ	ت	د	ف	ا	ن	ے	ج	ز	ڑ	ص	س
ل	ي	ک	ی	ل	و	ر	ی	ذ	ے	ڑ	ن	ق	و
ب	ھ	و	ک	گ	خ	و	ر	د	ن	ی	ظ	غ	ن

بھوک
متوازن
تلخ
کیلوری
کاربوہائیڈریٹ
غذا
ہاضمہ
خوردنی
ابال
ذائقہ

عادات
صحت
صحت مند
غذائیت
پروٹین
معیار
چٹنی
ٹاکسن
وٹامن
وزن

65 - Hiking

ب	ے	ھ	ج	ب	م	ؤ	ش	ض	ژ	ژ	ی	گ	ژ
د	ش	م	و	ھ	چ	و	د	ع	آ	ُ	ب	ط	ڑ
ٹ	ت	ا	ت	ا	ص	ت	س	و	ر	ج	گ	آ	آ
و	ج	ظ	ے	ر	ق	ے	ح	م	پ	ہ	ا	ڑ	ک
پ	ا	ر	ک	ی	ح	ف	ٹ	ل	ت	ی	ا	ر	ی
ل	ن	ن	ُ	ح	س	ز	ی	ں	ھ	آ	ؤ	ج	م
و	و	پ	ق	پ	ا	ن	ی	ت	ر	ب	ے	ن	پ
ا	ر	د	ش	ش	ق	ں	ٹ	ھ	ط	و	ھ	گ	ن
ط	و	م	ی	آ	ہ	ن	ڑ	ک	ظ	ہ	د	ل	گ
ف	ں	ج	گ	ٹ	-	ں	د	ا	ض	و	خ	ی	ل
ع	ئ	ب	-	س	ڈ	ڈ	گ	ہ	ے	ا	ط	گ	ظ
ت	غ	-	ق	ژ	پ	ع	ئ	و	ف	ط	ر	ت	ق
ڈ	ز	ؤ	ن	ں	ا	ل	ئ	ا	خ	ڈ	ا	ں	س
خ	ث	ؤ	ی	غ	ب	ط	غ	غ	ں	ج	ت	خ	ي

جانوروں
جوتے
کیمپنگ
آب و ہوا
خطرات
بھاری
نقشہ
پہاڑ
فطرت

واقفیت
پارک
تیاری
پتھر
سورج
تھکا ہوا
پانی
موسم
جنگلی

66 - Professions #1

ش	ن	ه	ت	ا	ی	س	ف	ن	ر	ه	ا	م	ق
ک	غ	غ	ذ	ک	ج	ا	س	ت	ک	چ	و	ش	پ
ا	س	ؤ	ؤ	م	ه	ت	ي	و	ئ	ع	ش	ح	ذ
ر	ٹ	س	ن	ا	ی	پ	ک	-	غ	ن	ذ	ن	ل
ی	ط	ُ	آ	ه	ب	ں	ا	ن	ھ	ي	ي	ر	-
ں	ر	ف	ا	ر	گ	ٹ	ر	ا	ک	ت	ض	خ	ف
ح	ا	ل	م	ف	س	س	ق	آ	چ	ی	ز	ر	د
ں	م	غ	ج	ل	ف	ں	ا	د	پ	ب	ض	ک	ض
ن	و	چ	و	ک	ی	ک	ص	س	ی	خ	ی	ئ	ژ
ض	س	و	ه	ی	ر	ی	ه	ن	ج	ذ	ل	ئ	ں
ٹ	ی	ص	ر	ا	ه	پ	ک	ر	ٹ	ی	ڈ	ی	ا
ٹ	ق	ک	ی	ت	پ	ر	ه	ر	ب	م	ل	پ	ئ
ت	ا	ی	ض	ر	ا	ر	ه	ا	م	ظ	و	ج	-
ظ	ر	ٹ	ک	ا	ڈ	ز	ق	ی	ن	ر	ا	ٹ	ا

سفیر
ماہر فلکیات
اٹارنی
بینکر
کارٹگرافر
کوچ
رقاصہ
ڈاکٹر
ایڈیٹر
ماہر ارضیات

شکاری
جوہری
موسیقار
نرس
پیانسٹ
پلمبر
ماہر نفسیات
ملاح
درزی
پشوچکتسا

67 - Dinosaurs

ڈ	م	ي	پ	پ	ہ	ب	ط	ش	ی	ا	ھ	گ	ذ
ؤ	پ	ز	ن	ر	ر	ڑ	ث	ک	ں	چ	ز	ف	ک
ض	گ	س	ک	چ	ش	ا	ط	ا	ق	ت	و	ر	ع
-	ي	م	ھ	ئ	ن	ط	گ	ر	ئ	ڑ	ص	و	ظ
ط	-	ر	ش	ی	ط	ا	ن	ی	آ	ژ	ی	ز	ق
ط	ن	ذ	چ	د	م	ز	ی	پ	ت	ب	ت	ا	ذ
ظ	ڈ	ز	پ	س	گ	م	آ	ٹ	ص	ہ	ٹ	ں	ظ
ہ	ی	ذ	ن	ص	ا	ی	ص	ر	ت	ت	ا	ؤ	ص
ر	ا	پ	ے	ط	و	ن	ک	ج	ر	ب	ر	س	ط
ب	س	ق	ي	ن	م	ؤ	پ	د		ژ	ر	ڑ	ک
ی	-	ئ	ب	پ	ن	ئ	غ	ش	ض	ا	چ	ب	ے
و	ج	س	ا	م	ی	ا	ر	ت	ق	ا	ء		ح
ر	س	ا	ئ	ز	و	-	ض	ح	ژ	ی	و		ع
ن	چ	ک	ث	ق	ر	ص	ں	آ	ت	ج	ا	ت	ے

گمشدگی
زمین
بہت بڑا
ارتقاء
ہربیور
بڑا
جسام
اومنیور
طاقتور

پراگیتہاسک
شکار
ریپٹر
سانپ
سائز
دم
شیطانی
پنکھ

68 - Barbecues

ں	ے	ک	س	ل	ا	د	پ	ھ	ل	م	م	ڈ	ح
ق	ذ	ھ	ڈ	ن	ر	ت	ے	ا	ں	ت	و	س	ث
آ	ں	ا	ن	چ	ک	ن	پ	گ	ن	ک	س	ب	ئ
ب	ہ	ن	ن	ٹ	پ	خ			ي	ھ	ی	ز	ب
ھ	ھ	ا	ھ	ف	م	ج	ن	ھ	گ	ی	ق	ی	ب
ب	د	و	س	ت	و	ں	چ	ي	ر	ل	ی	ا	چ
ر	-	ی	ک	ؤ	س	ر	غ	خ	ل	ق	خ	ں	ر
ج	پ	ؤ	ي	ھ	م	ئ	ک	ے	ا	ڈ	ش	م	ث
ک	و	ص	ذ	گ	گ	ؤ	ہ	س	ؤ	ن	م	م	خ
ص	د	ب	ن	ر	ر	ق	ک	و	د	ص	د	ن	ژ
ي	-	ئ	ض	م	م	ج	ھ	چ	ا	و	ق	ا	س
ٹ	م	ا	ٹ	ر	ا	گ	ج	ٹ	ڑ	ث	ص	ؤ	ن
ض	ق	ذ	ا	د	ٹ	ج	ن	ن	ح	ش	د	ث	ح
ز	گ	ن	م	ک	ھ	ک	ئ	ی	ن	ث	س	ک	خ

چکن
ڈنر
خاندان
کھانا
فورکس
دوستوں
پھل
کھیل
گرل
گرم

بھوک
چاقو
لنچ
موسیقی
سلاد
نمک
چٹنی
موسم گرما
ٹماٹر
سبزیاں

69 - Surfing

ب	و	ص	چ	ڈ	ک	ج	ج	ٹ	ی	ن	ي	گ	ں
ر	ئ	ج	ی	ی	غ	ٹ	ن	پ	خ	ڑ	ز	ڑ	ق
ژ	ث	ک	م	و	س	م	ز	چ	ک	ز	ز	ڑ	ت
ژ	ت	ھ	پ	-	ط	ا	ر	ھ	غ	ے	ن	غ	س
ن	ک	ل	ئ	آ	ک	ش	م	خ	گ	ھ	ط	ز	م
س	ث	ا	ن	ئ	س	پ	ر	ے	گ	ؤ	ڑ	خ	ن
ا	پ	ڑ	ذ	ھ	ر	ا	ف	و	م	ز	ہ	ت	د
ح	ی	ی	ي	م	ق	ب	و	ل	ع	ل	ہ	ر	ر
ل	ٹ	ز	ڈ	خ	ص	پ	ے	ل	ک	ظ	ن	ف	ی
س	ٹ	ا	ئ	ل	ہ	ج	و	م	ُ	ے	ت	ت	ف
م	م	ط	ق	آ	ڈ	و	ذ	ح	ط	ض	ف	ا	ي
ن	ط	ؤ	ؤ	خ	ش	خ	گ	ں	ا	ي	پ	ر	ا
د	ھ	ا	ن	ت	ہ	ا	ئ	ی	ق	م	ظ	ث	-
ر	ع	ا	-	ڑ	-	ظ	ظ	ز	ت	ض	ھ	م	ڑ

کھلاڑی
ساحل سمندر
شروع
چیمپئن
ہجوم
انتہائی
فوم
مزہ
سمندر
پیڈل

مقبول
ریف
رفتار
سپرے
پیٹ
طاقت
سٹائل
لہر
موسم

70 - Chocolate

م	ن	ج	ش	-	ح	م	ی	س	ژ	ش	ی	ا	ک
ع	و	ڑ	ع	ي	آ	ی	ذ	ُ	ت	چ	خ	آ	ی
ی	ش	ن	م	ہ	ک	ٹ	-	ا	ذ	ی	پ	ت	ن
ا	ر	ج	گ	ڈ	ج	ھ	-	ؤ	ص	ن	ز	گ	ڈ
ر	ل	و	ڈ	پ	ط	ا	ٹ	پ	پ	ی	آ	چ	ی
ھ	ج	ٹ	ح	ض	ھ	ف	ن	غ	ذ	ا	ئ	ق	ہ
ہ	د	ا	ی	ت	ت	ل	خ	ی	ھ	ؤ	ؤ	ظ	س
م	ز	ی	د	ا	ر	ک	ی	ر	ی	م	ل	ڈ	ض
پ	س	ن	د	ی	د	ہ	د	م	ک	ہ	ع	چ	ر
ق	م	ح	ا	ن	ا	ر	ی	ل	ی	ث	ن	ھ	ل
ث	-	ہ	ج	د	ق	ئ	س	ک	ل	و	چ	ن	ؤ
ت	خ	ذ	ن	ز	ی	و	ن	ی	و	گ	گ	ق	-
ظ	گ	ظ	ژ	ج	و	ح	ے	ئ	ر	ض	ن	ن	د
خ	ا	ی	ن	ٹ	ی	آ	ک	س	ی	ڈ	ن	ٹ	ث

اینٹی آکسیڈنٹ
مہک
تلخ
کیلوری
کینڈی
کیریمل
ناریل
مزیدار
غیر ملکی
پسندیدہ
جزو
مونگ پھلی
پاؤڈر
معیار
ہدایت
چینی
میٹھا
ذائقہ

71 - Vegetables

ب	ن	چ	ژ	گ	و	ب	ھ	ی	د	چ	ي	ل	ي
پ	ی	ا	ز	ا	د	ر	ک	ؤ	ک	ق	ژ	ظ	ع
ٹ	گ	ن	ط	ج	م	گ	ز	خ	ئ	د	و	ھ	غ
ح	ت	و	گ	ر	ف	چ	ھ	ز	ُ	د	و	ھ	و
ف	ف	د	ط	ن	و	آ	م	ش	ر	و	م	ٹ	ہ
ب	ر	و	ک	و	ل	ی	ر	م	و	ل	ی	م	ر
ت	ي	ج	ذ	ل	ب	ظ	ذ	ٹ	خ	ط	پ	ٹ	ص
-	ژ	ش	ج	ع	و	ئ	-	د	چ	ٹ	ا	ر	ہ
ت	ر	ک	ا	ر	ی	ا	ں	ے	ہ	و	ل	غ	ٹ
ک	ر	ڑ	ھ	ض	ص	ج	ص	س	پ	ج	ک	ی	م
غ	ھ	ل	ہ	س	ن	م	ي	ز	ی	ت	و	ن	ا
ج	ن	ی	ر	-	ں	و	ت	ا	ت	ب	ث	ي	ٹ
ث	ح	د	ر	م	ں	د	ش	ل	ج	م	ی	ح	ر
ث	ھ	ا	ش	ا	ل	ٹ	ل	ھ	ذ	ح	ؤ	ص	ئ

آرٹچوک
بروکولی
گاجر
گوبھی
اجمود
کھیرا
بینگن
لہسن
ادرک
مشروم

زیتون
پیاز
مٹر
قددو
مولی
ترکاریاں
شالٹ
پالک
ٹماٹر
شلجم

72 - Boats

ں	ڈ	گ	ج	ز	ا	د	ب	ش	ش	ک	ے	گ	ا
ک	ی	ن	و	آ	ب	ر	آ	ئ	ج	گ	ح	ی	ن
ع	و	ٹ	ا	د	ج	ی	ی	ا	ٹ	گ	ئ	ف	ج
غ	ذ	ر	ر	س	ی	ا	س	م	ن	د	ر	ی	ن
خ	ق	ح	ؤ	-	ڑ	قِ	ہ	ذ	ف	ص	ہ	ر	س
ط	گ	چ	ز	ڈ	د	ُ	ک	ض	ن	آ	ڑ	ي	ی
ف	ی	ر	ی	ڑ	ل	چ	ي	ع	غ	و	ب	ٹ	ز
ف	ج	ک	ی	ا	ک	گ	د	د	ھ	گ	ز	ف	ج
ب	ھ	ٹ	ذ	ع	س	آ	ں	ڈ	ج	م	ش	ف	ھ
و	ی	ا	ہ	م	س	ت	ڑ	ن	آ	ب	ے	ہ	ںِ
ئ	ل	ڑ	ے	ل	ل	ہ	ر	ی	ں	ئ	ب	ح	ُ
ے	غ	ے	ا	ہ	ن	ا	س	س	م	ن	د	ر	ط
ز	چ	لِ	ق	ک	گ	ف	ح	ل	ڑ	آ	ا	ص	ا
ہ	م	ُ	ت	ں	ر	ی	ف	ر	و	-	ف	ج	ز

لنگر
بوئے
کینو
عملہ
گودی
انجن
فیری
کیاک
جھیل
مست

سمندری
بیڑا
دریا
رسی
ملاح
سمندر
جوار
لہریں
یاٹ

73 - Activities and Leisure

خ	پ	ت	ڈ	ر	ل	ف	س	ب	ا	ک	س	ن	گ
ر	ی	پ	ح	ي	ث	ن	م	ف	ت	ک	ژ	ض	ا
ی	ن	ج	ڑ	ت	م	ق	ظ	آ	ر	ا	م	د	ہ
د	ٹ	چ	-	ی	پ	ی	د	ل	س	ف	ر	ض	ث
ا	ن	ذ	س	ر	ف	ن	گ	س	م	ا	ک	گ	م
ر	گ	ث	ظ	ا	ب	ا	غ	ب	ا	ن	ی	ؤ	غ
ی	ق	ص	ئ	ک	ا	ن	ص	و	ہ	خ	م	خ	غ
ظ	ٹ	ح	ں	ی	م	ب	ش	ا	ی	س	پ	ؤ	ے
غ	آ	ی	ف	ج	ے	ڈ	غ	ل	گ	چ	ن	ص	ل
	ف	ژ	ن	ٹ	س	ت	ل	ی	ی	ع	گ	ے	خ
ع	ھ	ب	ی	س	ب	ا	ل	ب	ر	ش	چ	ڈ	ق
ب	ی	ل	ہ	ش	آ	ا	ڑ	ا	ی	ط	ر	د	ق
ڈ	ا	ئ	ی	و	ن	گ	ل	ل	ش	گ	و	ل	ف
د	ؤ	ں	خ	ق	ب	ا	س	ک	ٹ	ب	ا	ل	گ

فن
بیس بال
باسکٹ بال
باکسنگ
کیمپنگ
ڈائیونگ
ماہی گیری
باغبانی
گولف
پیدل سفر

شوق
پینٹنگ
آرام دہ
خریداری
فٹ بال
سرفنگ
تیراکی
ٹینس
سفر
والی بال

74 - Driving

ظ	ھ	گ	گ	ب	ں	م	ی	پ	ن	ج	ُ	ظ	ُ
ُ	ي	و	ح	ے	م	و	ٹ	ر	و	ب	ر	ی	ک
ن	-	ڈ	ا	ھ	ش	ٹ	ش	ھ	ذ	ل	ئ	ن	ژ
ے	ک	ر	د	ع	ي	ر	ف	ت	ا	ر	ی	ي	ئ
ن	-	ر	ث	ں	ح	س	ا	ڈ	ٹ	ح	آ	س	و
خ	ط	ر	ہ	ز	س	ا	ہ	ر	ٹ	ر	ی	ف	ک
ل	ا	ئ	س	ن	س	ئ	گ	ا	ٹ	ٹ	ک	ح	ر
ي	ی	ص	پ	ق	ب	ی	ی	ئ	خ	پ	ا	ف	ب
س	ن	ھ	ں	ش	د	ک	س	ی	گ	ی	ر	ا	ج
ع	د	ش	گ	ہ	ح	ل	ق	و	ظ	ل	ي	ظ	ج
ظ	ھ	خ	ڑ	ٹ	ئ	ج	ض	ر	چ	ث	ی	ت	ج
ع	ن	پ	ں	ھ	ڑ	س	ک	ذ	خ	ں	ف	ہ	چ
-	س	ر	ن	گ	ع	ڑ	س	ص	ح	ر	ں	گ	ٹ
ا	ھ	گ	ذ	ش	ب	ک	ع	آ	ؤ	ع	ل	ش	ح

حادثہ
بریک
کار
خطرہ
ڈرائیور
ایندھن
گیراج
گیس
لائسنس
نقشہ
موٹر
موٹر سائیکل
پولیس
سڑک
حفاظت
رفتار
گلی
ٹریفک
ٹرک
سرنگ

75 - Friendship

ڑ	پ	ٹ	خ	ژ	ن	ض	ُ	ه	ا	گ	م	ئ	ئ
ڑ	س	ا	ت	ھ	ی	ش	خ	ص	ی	ت	خ	ی	ذ
ب	ن	و	د	ی	ل	خ	م	آ	م	ُ	ل	ژ	خ
ث	د	پ	ر	ا	م	ن	ز	ن	ا	-	ص	ٹ	ي
ھ	ی	ح	ت	ج	ر	ض	ه	د	ن	ل	و	-	ز
ط	د	س	ا	گ	ھ	ژ	خ	و	د	د	ئ	پ	ں
س	ه	گ	ر	و	پ	و	ں	س	ا	ز	ھ	س	ے
ن	خ	ر	ش	گ	ذ	ُ	آ	ت	ر	ذ	ت	ص	ي
ر	ي	ٹ	ت	ُ	ر	چ	ذ	و	ی	ا	ش	ذ	ھ
م	خ	و	ش	ی	ن	م	و	ں	س	م	ا	ج	ی
ھ	م	ھ	ب	ش	ر	ھ	ی	و	ن	ي	ئ	خ	-
ز	ث	ز	ي	پ	ر	-	ط	ا	ل	ث	س	ي	ج
ل	ض	ز	م	م	ا	ث	ل	ت	ں	ب	ں	آ	ح
ر	ع	ب	ف	ں	د	ڈ	ژ	ط	ز	ي	م	آ	ر

سرگرمیاں
ساتھی
پسندیدہ
دوستوں
مزہ
ادار
نرم
گروپوں

خوشی
ایمانداری
پرامن
شخصیت
مماثلت
مخلص
سماجی

76 - Professions #2

ض	ص	ح	ا	ف	ی	چ	-	م	و	ج	د	ل	ط
-	ے	و	ک	س	ا	ن	پ	ا	ئ	ل	ٹ	ا	ث
ج	ا	س	و	س	ت	م	ژ	ہ	خ	خ	د	ئ	ق
ح	ژ	و	ُ	گ	ہ	ا	و	ر	ل	ف	س	ب	ئ
س	ا	ظ	و	ي	ش	ہ	د	ح	ا	ہ	ص	ر	ي
ق	ک	ش	م	ص	و	ر	ب	ی	ب	ط	ب	ی	ب
ف	ل	س	ف	ی	ش	ل	ا	ا	ا	ق	ا	ر	ز
پ	ی	ن	ٹ	ر	ي	س	غ	ت	ز	س	ن	ی	و
ڈ	ی	ن	ٹ	سُ	ٹ	ا	ب	ی	ي	آ	ج	ن	و
ف	ے	غ	خ	ُ	گ	ن	ا	ا	ک	ز	ی	ر	ل
ا	ک	ع	ذ	ٹ	ذ	ی	ن	ت	ب	چ	ن	ذ	و
-	ف	آ	م	ں	بُ	ا	س	ر	ج	ن	ئ	خ	ج
-	پ	ر	ش	ق	ُ	ت	گ	ھ	ض	س	ر	ب	س
ف	و	ٹ	و	گ	ر	ا	ف	ر	م	ف	د	ط	ٹ

ڈینٹسٹ

فوٹوگرافر

77 - Emotions

ف	ؤ	ع	ق	ج	ے	ئ	ک	ا	ث	ص	ث	ی	ب
خ	م	ح	ب	ت	ظ	ڑ	ح	ع	د	ا	م	ن	و
ٹ	و	ل	ا	ن	ز	ں	ع	ئ	پ	ا	ف	ھ	ر
ں	ا	ش	ش	ک	ر	گ	ز	ا	ر	ع	س	ں	ی
ظ	د	ُ	ی	ن	ے	خ	ط	ن	س	ق	ھ	ی	ت
س	ئ	م	ط	م	ئ	ن	ص	م	ک	خ	غ	ر	ی
ڑ	ا	ڈ	ے	ف	گ	خ	پ	د	و	خ	ص	ہ	ز
خ	ن	ح	ق	ظ	ن	گ	ط	ج	ن	م	ہ	ھ	ذ
و	ش	ق	س	ؤ	ھ	ش	ت	ل	ذ	ژ	م	ن	ع
ف	ر	آ	ل	ا	ز	ے	-	ہ	و	ق	د	ع	ظ
ُ	گ	ق	-	ي	ن	س	س	ج	ظ	ن	ر	م	ی
ف	ج	ٹ	ح	ع	ل	ک	ن	ف	چ	م	د	ت	ڑ
ھ	ز	ح	ڈ	ں	ط	و	ح	ژ	س	و	ی	و	ی
ئ	ي	ظ	ح	چ	غ	ن	س	ث	ھ	ف	ذ	ں	و

غصہ
نعمتوں
بوریت
پرسکون
مواد
خوف
شکر گزار
خوشی

احسان
محبت
امن
اداسی
مطمئن
ہمدردی
نرمی
سکون

78 - Mythology

آ	ب	ج	ل	ی	خ	ؤ	د	ی	غ	ث	ت	ٹ	ط
ف	ش	خ	ه	ط	م	ب	ذ	ن	س	ق	ے	س	ٹ
ت	ر	ں	آ	م	غ	ؤ	ُ	گ	پ	ا	ش	ژ	ل
ب	خ	س	ر	خ	د	ی	و	ت	ا	ف	گ	ھ	ض
ق	ح	ل	ک	ل	ڈ	ت	ی	ف	ن	ت	ر	ک	ب
ک	چ	د	ی	و	ز	ح	ي	ث	ی	ع	ج	ز	ر
ج	س	ث	ٹ	ق	ؤ	س	ی	ڈ	ژ	ن		-	ت
ل	ع	ق	ا	ئ	د	ج	ن	ت	ا	ب	خ	ي	ا
ژ	ظ	ژ	ئ	م	گ	ج	ن	گ	ج	و	ث	ژ	ؤ
ت	ظ	ش	پ	ئ	ر	ڑ	ل	م	ئ	گ	د	ھ	ا
ٹ	ض	ي	غ	ي	ق	ت	ه	ی	ر	و	غ	ي	ھ
ث	ئ	ت	ا	ن	ت	ق	ا	م	ج	چ	-	غ	ت
ج	ی	ی	د	ے	ح	س	د	ؤ	ڑ	ن	چ	م	ش
ب	ھ	و	ل	ب	ل	ی	ی	ا	و	ح	ڈ	ڑ	ش

آرکیٹائپ
برتاؤ
عقائد
تخلیق
مخلوق
ثقافت
دیوتا
آفت
جنت
ہیرو

امرتا
حسد
بھولبلییا
لیجنڈ
بجلی
دیو
بشر
انتقام
گرج
جنگجو

79 - Hair Types

ل	د	ژ	ک	ی	ع	ک	چ	ہ	س	م	و	ٹ	ا
م	ا	ہ	ھ	ط	ے	ش	ا	م	ظ	د	ف	ق	م
ب	ڑ	ث	و	ے	ے	ا	ن	و	ک	ژ	ر	ب	ح
ا	ھ	ہ	پ	ذ	ل	غ	د	ا	خ	د	ل	ا	س
ط	ی	ش	ڑ	ف	ض	د	ی	ر	ش	ئ	ا	س	م
ں	و	ل	ی	ع	ب	ق	ک	ت	ک	ع	و	ر	ٹ
ی	ں	ل	س	ف	ی	د	ک	ھ	کٗ	ر	ج	م	ن
ںٗ	ر	م	ٹ	ز	ش	ت	غ	ز	ٗ	ر	ط	ئ	ں
ٗ	ٹ	ے	ڈ	ب	ز	خ	ب	گ	پ	ت	ل	ی	س
ں	ظ	ر	ہٗ	ح	و	چ	ر	ق	قٗ	خ	د	ز	ی
ہ	د	ض	ٗ	ق	ص	ں	ا	غ	ٗ	م	ص	ے	ا
خ	ی	غ	ڈ	ئ	ٹ	ل	ؤ	ذ	ٗ	ر	گ	و	ہ
ص	ح	ت	م	ن	د	گ	ن	ج	ا	ن	ج	س	د
گ	ھ	و	ب	گ	ھ	ر	ا	ل	ی	گ	ڈ	ص	آ

گنجا
سیاہ
لٹ
داڑھیوں
براؤن
رنگ
کرل
گھوبگھرالی
خشک
سرمئی

صحت مند
لمبا
کھوپڑی
چمکدار
چاندی
ہموار
نرم
موٹا
پتلی
سفید

80 - Garden

ن	ب	ن	ٹ	ج	گ	ہ	ر	ُ	ڑ	ں	ل	-	ث
ل	ا	ض	ر	ٹ	ھ	گ	ی	ر	ا	ج	ف	ا	ب
ی	غ	ر	ا	و	ا	ا	ک	م	پ	گ	ے	د	ن
ل	ط	ڑ	م	چ	س	ٹ	ڑ	خ	و	ی	ھ	ت	چ
ط	ک	آ	پ	ھ	و	ل	پ	ی	ر	ک	ل	ڑ	ت
ث	ے	غ	و	ت	ا	ل	ا	ب	چ	ظ	خ	ؤ	ئ
ط	ژ	پ	ل	ي	د	س	ف	ا	ڑ	و	ک	ا	ھ
خ	ص	ی	ی		ز	ذ	ں	ڑ	ل	ذ	ث	د	ج
ث	ز	ڑ	ن	خ	د	ہ	ج	غ	پ	ت	گ	ل	ؤ
م	ٹ	ی	ي	ذ	ٹ	ل	ی	ث	ڑ	د	ي	ح	ظ
ط	ل	ق	ک	ژ	چ	ئ	ظ	-	ق	ق		ا	ے
چ	ی	ک	پ	ي	-	ق	ت	غ	ي	م	ا	ق	ق
ز	ہ	ب	ی	ل	چ	ہ	ي	و	ش	ي	ز	ؤ	گ
ب	ح	ل	ط	ت	غ	ڑ	ذ	ط	ل	ع	ہ	ظ	ح

بنچ
جھاڑی
باڑ
پھول
گیراج
باغ
گھاس
ہیموک
نلی
لان
تالاب
پورچ
ریک
بیلچہ
مٹی
چھت
ٹرامپولین
پیڑ

81 - Birthday

خ	و	ش	ج	س	آ	ن	ژ	ح	ک	م	ت	ع	پ
ن	ق	ب	-	ش	س	و	ض	ت	ف	و	س	س	ش
ھ	ت	ی	ں	ن	ن	ج	ت	ر	ز	م	ک	پ	ذ
ج	ژ	ش	ض	ظ	ں	و	ث	گ	پ	ب	ی	ل	م
ک	ض	ڑ	ڑ	ق	-	ا	ب	ڈ	ڈ	ت	غ	ز	ہ
ن	-	ہ	ص	ب	ی	ن	ی	ا	د	ی	ں	د	ک
ٹ	ط		ے	ق	ث	ی	ن	ت	پ	ا	ر	ٹ	ی
ھ	ل	ؤ	ث	ی	ت		ط	و	ڑ	ں	چ	ض	ل
ذ	ش	ر	ی	ی	ک	ڈ	ؤ	خ	ہ	ے	آ	ر	ن
ت	ح	ف	ہ	س	ک	ا	ر	ڈ	ص	ؤ	ز	ھ	ڈ
د	ع	و	ت	ن	ا	م	ے	پ	ا	و	ب	ڈ	ر
ن	ن	ط	ک	غ	ب	ل	ھ	و	ژ	د	ص	ث	ي
ٹ	ذ	ط	ھ	م	ز	ہ	ل	ز	ھ	ث	ک	ی	ک
ٹ	پ	چ	ف	ہ	د	و	س	ت	و	ں	ہ	-	ڈ

کیک
کیلنڈر
موم بتیاں
کارڈ
جشن
دن
دوستوں
مزہ
تحفہ
خوش

دعوت نامے
یادیں
پارٹی
نغمہ
خصوصی
وقت
حکمت
سال
نوجوان

82 - Beach

س	ت	ن	و	گ	ی	ل	ت	ي	ج	ڈ	ف	ی	ر
ی	و	ی	م	ح	ے	ش	ے	ڑ	ک	ی	ک	ا	ط
ن	ل	ل	ض	ڈ	س	ع	پ	ق	ُ	ع	ش	گ	ج
ڈ	ی	ا	ئ	پ	و	ن	ر	ڈ	پ	ا	ت	ز	گ
ل	ہ	ي	ژ	چ	ر	ب	ر	س	ک	ے	ی	س	ض
د	خ	و	ذ	ل	ج	ے	ل	و	گ	ر	ٹ	ذ	م
ش	ث	پ	ل	ی	ٹ	ھ	چ	ڑ	ہ	غ	ں	م	ط
گ	ب	ي	ش	ل	ص	ر	م	چ	ز	ح	ي	ج	ص
-	ر	د	ن	م	س	ی	ھ	ڑ	ن	ل	ا	ل	س
ہ	غ	ئ	ؤ	گ	غ	ت	ز	ک	ں	ش	ڈ	ص	گ
ص	س	ق	ے	ص	ر	ح	ژ	ص	م	ں	م	و	ُ
ش	ر	ف	ع	ی	ط	پ	ل	ح	ا	س	د	د	ٹ
گ	ؤ	ف	س	غ	آ	ؤ	ژ	ظ	ذ	ی	ے	ا	ع
گ	پ	ڈ	س	ص	ل	آ	ش	ث	ص	ف	ي	غ	ڈ

نیلا
کشتی
ساحل
کیکڑے
گودی
جزیرہ
لیگون
ریف

ریت
سینڈل
سمندر
گولے
سورج
تولیہ
چھتری
چھٹی

83 - Adjectives #1

ک	ے	آ	چ	س	ز	ي	ب	ٹ	ی	آ	ج	م	م
ق	ش	ا	و	س	ن	پ	پ	ش	ج	ف	ی	د	ص
گ	ر	ش	ی	ت	ل	ج	و	و	د	ے	س	د	ق
ھ	غ	ی	ر	م	ل	ک	ی	ط	ی	آ	ی	گ	ُ
ع	ذ	چ	پ	ق	ا	ط	گ	د	د	ن	ل	ا	ز
و	ط	ب	ت	آ	ن	ن	خ	ر	ہ	م	و	ر	ا
ڈ	ت	-	ل	ے	د	ح	د	ڈ	ج	ط	ظ	م	ہ
ہ	ق	ی	ی	ر	ھ	ج	ئ	ا	ت	ل	ب	ڈ	م
خ	غ	ث	ص	ق	ی	م	ت	ی	ر	ق	ل	ب	ي
ط	ی	يُ	ی	ڑ	ر	ا	د	ا	ر	ذ	ن	ھ	ص
ے	ڈ	ُ	ج	ک	ا	خ	و	ش	ب	و	د	ا	ر
خ	م	ز	ف	ن	ک	ا	ر	ا	ن	ہ	ن	ر	س
خ	و	ب	ص	و	ر	ت	ح	س	ت	-	ظ	ی	ا
ئ	خ	و	ش	چ	گ	ھ	ص	گ	و	ڈ	ر	م	ا

مطلق
بلند نظر
خوشبودار
فنکارانہ
کشش
خوبصورت
اندھیرا
غیر ملکی
ادار
خوش

بھاری
مددگار
ایماندار
جیسی
اہم
جدید
سنجیدہ
سست
پتلی
قیمتی

84 - Rainforest

ف	ي	ظ	ژ	ص	ک	ج	ق	بِ	ؤ	ڑ	پ	ت	ن
ي	ب	ئ	ص	ی	س	ڈ	ی	ُ	ا	پ	ن	ص	ب
خ	ق	ط	ژ	ث	ت	ص	م	ظ	ح	ت	ا	ی	ا
پ	ا	و	ہ	و	ب	آ	ت	ن	ت	ذ	ہ	ص	ت
گ	ں	غ	ر	ا	ث	ق	ی	ت	ر	ط	ف	غ	ی
ں	و	ی	ر	ا	د	ن	ت	س	ا	جِ	ؤ	ں	ا
تِ	ل	گ	ن	ج	ا	ٹ	ڈ	ص	م	ُ	ذ	ر	ت
ُ	غ	ُ	ش	ل	د	ا	ب	ف	ت	ح	ق	د	ع
د	س	ر	ظ	ف	ح	ت	ح	ض	ے	ژ	س	-	ں
ت	-	ھ	ی	ک	ا	خ	ا	کِ	ؤ	ت	ں	آ	ط
ی	ر	د	ا	ر	ب	ؤ	ل	ُ	س	ر	ب	ا	ت
پ	ج	ئ	-	ي	م	س	ی	گ	ط	ح	س	ن	ث
ش	ی	ھ	آ	ق	ں	و	د	ن	ر	پ	و	ی	م
ٹ	ف	ذ	ئ	ے	ل	د	آ	ب	غ	ع	ي	ی	خ

پرندوں
نباتیات
آب و ہوا
بادل
برادری
تنوع
کیڑوں
جنگل
ستنداریوں

کائی
فطرت
تحفظ
پناہ
احترام
بحالی
بقا
قیمتی

85 - Technology

ڈ	ک	م	پ	ی	و	ٹ	ر	م	ح	ف	ش	س	ع
ی	ب	ر	ا	ؤ	ز	ر	ر	ع	ڑ	د	م	ی	ا
ؤ	ا	ظ	س	ا	ف	ٹ	و	ی	ئ	ر	ا	ک	ح
ظ	ئ	ت	ن	ر	غ	ک	ف	ا	ئ	ل	ر	و	ب
ش	ٹ	س	ک	ر	ی	ن	آ	ف	چ	ؤ	ی	ر	ا
ط	س	ت	ح	ق	ی	ق	آ	ھ	ڈ	ع	ا	ٹ	ر
ن	و	ث	ق	ل	ڈ	ڑ	چ	غ	ک	ٹ	ت	ی	ڑ
ظ	پ	ی	غ	ا	م	س	ي	ط	ح	ن	ے	ے	ک
ب	ل	ا	گ	ن	ج	ژ	ؤ	س	آ	ع	ٹ	ج	ھ
ب	ب	ڈ	ی	ٹ	ا	و	ث	ج	ن	ڈ	ہ	ٹ	ٹ
ؤ	ئ	ط	ھ	ر	ز	ا	د	ہ	ک	چ	-	ؤ	ف
ا	ي	ن	پ	ن	ی	ئ	گ	گ	ث	ص	آ	ث	و
ب	ڑ	پ	ک	ی	م	ر	ہ	ک	ئ	س	ط	ے	ن
ڈ	ی	ج	ی	ٹ	ل	س	ک	ڈ	س	پ	ل	ے	ٹ

بلاگ
براؤزر
بائٹس
کیمرہ
کمپیوٹر
کرسر
ڈیٹا
ڈیجیٹل
ڈسپلے
فائل

فونٹ
انٹرنیٹ
پیغام
تحقیق
سکرین
سیکورٹی
سافٹ ویئر
شماریات
مجازی
وائرس

86 - Landscapes

م	ج	ڈ	ج	ئ	گ	و	ف	ي	و	ث	ق	آ	و
ں	ھ	ظ	ز	ڑ	ی	ض	ا	ن	ج	ر	ں	ب	ک
گ	ی	ڑ	ی	غ	ز	ڑ	ن	د	ز	آ	ا	ش	ی
ل	ل	خ	ر	ف	ر	ي	خ	د	ی	پ	ہ	ا	ڑ
ی	د	ر	ہ	ک	و	و	ل	ث	ر	ص	ح	ر	ا
ش	ل	ٹ	ن	ڈ	ر	ا	س	پ	ہ	ا	ڑ	ی	ف
ی	د	ں	م	ظ	غ	ں	ت	ے	-	ز	ئ	ے	ع
ر	ل	ھ	ا	ذ	ث	ڑ	ا	ؤ	ل	آ	-	ھ	ج
ص	ؤ	خ	ن	ع	ژ	ں	ن	ژ	س	س	ھ	ؤ	ل
ک	ي	ب	ي	د	ت	و	ی	چ	آ	ُ	آ	س	ص
-	د	ق	ی	ح	ڈ	گ	ہ	ق	ع	غ	ک	م	ذ
ق	ت	ر	ؤ	چ	آ	ت	ش	ف	ش	ا	ں	ن	ذ
ھ	ث	ئ	ی	ڑ	غ	ئ	غ	چ	ڑ	ؤ	پ	د	ف
غ	ا	ر	ف	ا	ت	ذ	ڑ	آ	ئ	س	ب	ر	گ

بیچ
غار
کوو
صحرا
گیزر
گلیشیر
پہاڑی
آئس برگ
جزیرہ
جھیل

پہاڑ
نخلستان
جزیرہ نما
دریا
سمندر
دلدل
ٹنڈرا
وادی
آتش فشاں
آبشار

87 - Visual Arts

ے	ف	ي	ئ	م	ہ	پ	و	ر	ٹ	ر	ی	ٹ	ت
ژ	و	ل	م	و	ف	ی	ے	-	ھ	ڈ	ق	آ	خ
چ	ا	ک	م	م	پ	ن	ق	ط	ہ	ن	ظ	ر	ل
ت	ص	و	ی	ر	ی	س	ت	ڑ	آ	ر	غ	چ	ی
آ	ٹ	-	ش	ب	ن	ل	غ	ع	س	ے	و	ڑ	ق
ر	ٹ	ر	ڈ	غ	ٹ	خ	ظ	ی	م	ٹ	ی	ؤ	ی
ٹ	ڑ	ت	ص	ٹ	ن	خ	ھ	خ	ا	ی	ز	ل	ص
س	ز	ج	ٹ	ژ	گ	ع	د	ذ	ہ	آ	ر	ص	ل
ٹ	ث	ی	ع	ص	ں	ش	و	ا	ر	ن	ش	آ	ا
ب	ژ	ج	ں	ت	ث	ی	ش	خ	ذ	گ	ا	چ	ح
ی	ت	ي	ڑ	ض	خ	م	ج	س	م	ہ	ہ	ؤ	ی
ق	ش	ذ	ز	ف	ظ	ع	ر	ي	آ	ع	ک	غ	ت
ں	ل	س	ز	ڑ	ن	آ	ز	ٗ	ٹ	س	ا	خ	ت
خ	ئ	م	ئ	س	ٹ	ی	ن	س	ل	پ	ر	ئ	ڈ

فن تعمیر
آرٹسٹ
چاک
مٹی
ساخت
تخلیقی صلاحیت
ایزل
فلم
شاہکار
پینٹنگ

قلم
پینسل
نقطہ نظر
تصویر
پورٹریٹ
مجسمہ
سٹینسل
وارنش
موم

88 - Plants

ن	ح	ر	ک	ح	غ	ٹ	ذ	ج	گ	ض	ت	ک	پ
ژ	آ	ذ	ع	ج	خ	ز	پ	ن	ک	ھ	ڑ	ی	ی
ث	ھ	گ	ز	پ	ھ	و	ل	گ	ھ	ا	س	ک	ڑ
آ	ئ	ی	و	ی	ڑ	ا	ف	ل	و	ر	ا	ٹ	ڑ
ن	ب	ا	ت	ی	ا	ت	ڑ	ک	ا	ئ	ی	س	ز
ظ	ی	ر	ک	ئ	ہ	-	ک	ی	پ	و	د	و	ں
ڈ	ن	ن	پ	ھ	ب	ئ	ث	خ	ئ	نِ	ےِ	ب	ؤ
ب	ا	ن	س	ظ	ا	ڈ	ا	ق	ص	ُ		م	ص
ف	ش	ذ	ن	ڑ	غ	د	و	ض	د	ہ	ئ	ث	ت
چ	ث	پ	م	ط	ا	ز	ک	ک	ے	ق	-	ا	ي
تُ	ن	ا	ث	ف	ٹ	ٹ	گ	ح	ت	آ	ڈ	ت	ف
	ض	غ	پ	ت	ے	ع	ت	ؤ	ا	ئِ	ڑ	ر	چ
گ	ا	ج	چ	پ	-	پ	چ	ا	ز	ُ	ڑ	ڑ	ف
ب	ی	ر	ی	آ	ط	ف	ج	ڑ	ف	س	ک	ت	ث

بانس
بین
بیری
نباتیات
جھاڑی
کیکٹس
کھاد
فلورا
پھول
پتے
جنگل
باغ
گھاس
آئیوی
کائی
پنکھڑی
جڑ
تنا
پیڑ
پودوں

89 - Countries #2

ب	ث	ج	-	ن	ی	پ	ا	ل	ب	-	ل	-	ئ
ڈ	ت	گ	-	ث	ج	ا	پ	ا	ن	ش	ا	م	-
ہ	ن	ھ	ے	ج	م	ک	ض	ؤ	خ	ي	ئ	ز	ک
ی	ح	م	م	ش	ی	س	ن	س	آ	ر	ب	ژ	ص
ٹ	و	ں	ا	ي	ک	ت	م	ی	ک	س	ی	ک	و
ی	ل	گ	گ	ر	ا	ا	چ	ص	و	ع	ر	ا	م
ئ	ف	ث	ن	ڈ	ک	ن	ف	ے	پ	ن	ی	ُ	ا
پ	ع	گ	پ	ڈ	ظ	ُ	ن	د	ل	ی	ا	ڑ	ل
پ	ؤ	ظ	گ	چ	ا	ڈ	ث	ر	ؤ	و	ل	ن	ی
ت	ن	ا	ئ	ج	ی	ر	ی	ا	ل	ک	ب	ع	ہ
ا	ی	ت	ھ	و	پ	ی	ا	ؤ	ب	ر	ا	ک	ے
ڑ	ش	ر	ش	آ	ہ	غ	ئ	ل	ن	ی	ن	ک	ص
ئ	ر	و	س	و	ڈ	ا	ن	ڑ	ا	ن	ی	ؤ	م
ے	ظ	ک	ع	ن	ک	ظ	ب	ف	ن	ڑ	ہ	د	ط

البانیہ
ڈنمارک
ایتھوپیا
یونان
ہیٹی
جمیکا
جاپان
لاؤس
لبنان
لائبیریا
میکسیکو
نیپال
نائجیریا
پاکستان
روس
صومالیہ
سوڈان
شام
یوگنڈا
یوکرین

90 - Ecology

ڑ	ح	د	ر	آ	ج	پ	ا	ئ	ی	د	ا	ر	ُ
آ	خ	ی	خ	ی	ل	ب	ق	ا	ط	ي	پ	ڑ	ن
آ	ہ	ک	و	پ	ڑ	ڈ	د	ع	ا	ل	م	ی	ٹ
چ	ق	چ	م	ا	ت	ژ	ر	ف	ڑ	ڑ	ل	م	س
	ذ	ئ	ے	ی	ن	ہ	ت	ن	و	ع	پ	س	ش
خ	ڑ	ہ	ؤ	ظ	و	ا	ی	خ	س	ب	و	ک	ل
ٹ	ش	م	ا	ر	ش	ن	ت	ؤ	ا	ج	د	ن	ے
ق	ے	ک	ض	ؤ	ے	ع	ٹ	و	ئ	پ	و	د	ے
س	آ	م	س	ف	چ	ؤ	ص	ی	ل	م	ں	ق	
م	ب	-	ط	ا	ھ	ز	ق	آ	ز	ُ	ؤ	ت	آ
ض	و	ط	ؤ	ف	ل	و	ر	ا	ي	ف	ژ	ت	ل
ب	ہ	چ	ي	چ	م	ی	ر	ی	ن	ئ	ب	ق	ا
غ	و	د	ج	ٹ	ل	ت	پ	ہ	ا	ڑ	ڑ	ؤ	ڑ
ڑ	ا	س	ط	ں	ف	ط	ر	ت	ظ	آ	ط	ں	ا

آب و ہوا
کمیونٹیز
تنوع
خشک سالی
حیوانات
فلورا
عالمی
مسکن
میرین
مارش

پہاڑ
قدرتی
فطرت
پودے
وسائل
بقا
پائیدار
قسم
پودوں

91 - Adjectives #2

-	ڑ	ث	ں	ژ	خ	و	ب	ص	و	ر	ت	ھ	س
و	ز	خ	ک	ٹ	د	ر	ژ	ح	م	ڑ	ہ	و	گ
ے	ن	ع	ل	-	ر	ذ	ں	ت	ح	ف	ے	ز	ک
پ	ئ	ئ	عِ	ي	ح	ڈ	ل	م	ک	خ	ر	ب	ٹ
و	م	ک		ھ	ئ	ض	ژ	ن	م	ک	ی	ن	ژ
د	ض	ج	ن	گ	ل	ی	ف	د	ش	ز	ھ	ذ	ؤ
چ	ب	ا	ژ	خ	ے	ض	خ	ف	ہ	ع	آ	م	ش
آ	و	ی	ح	د	ل	چ	س	پ	و	ح	ر	ہ	ف
غ	ط	م	س	ت	ن	د	ق	د	ر	ت	ی	د	ن
ف	خ	ر	ق	پ	ی	د	ا	و	ا	ر	ی	ا	ئ
ا	-	ر	ق	ڑ	ن	خ	گ	غ	ڑ	خ	ژ	ر	ی
ڈ	ث	ژ	ع	ے	د	خ	پ	ر	ب	ھ	و	ک	ا
ض	ت	خ	ل	ی	ق	ی	شُ	د	م	خ	ک	ڈ	ق
س	ں	آ	ؤ	ڈ	ص	د	ُ	ک	ز	ح	ج	-	ت

مستند
تخلیقی
وضاحتی
خشک
خوبصورت
مشہور
تحفے
صحت مند
گرم
بھوکا

دلچسپ
قدرتی
نئی
پیداواری
فخر
ذمہ دار
نمکین
نیند
مضبوط
جنگلی

92 - Math

ض	ص	ه	ی	چ	ق	ھ	ڑ	ز	ُ	ؤ	ح	م	ک
-	ت	س	ت	ھ	ج	ی	ں	ٹ	ب	غ	ج	ث	ث
خ	ی	ظ	ڈ	ں	چ	ص	ژ	ُ	ن	ت	م	ل	ی
ق	ں	ح	ے	گ	ر	ی	ا	ض	ی	و	ح	ث	ر
-	آ	ه	ٹ	-	ر	د	ا	س	م	ا	ص	ل	ا
ص	م	ت	و	ا	ز	ی	ح	د	ئ	ز	ه	ا	ل
ف	ح	س	م	س	ا	و	ا	ت	خ	ن	ژ	د	ا
ا	غ	ط	ش	ع	و	د	ط	ق	ا	ئ	گ	ڈ	ض
ذ	ض	چ	ف	ر	ی	م	ه	ڑ	ھ	ذ	ب	و	ل
ن	ص	آ	ا	ٹ	ه	ے	ئ	ق	ر	ک	ل	ی	ا
ڑ	م	ے	ا	ه	ن	م	س	ت	ط	ی	ل	ژ	ع
ق	ر	ب	ه	گ	د	ُ	گ	ا	ذ	ر	ا	ن	ت
ش	ب	ر	ر	ب	س	ا	ع	ش	ا	ر	ی	ه	ئ
ر	ع	ڑ	ش	ز	ه	ش	ظ	ض	آ	ک	ذ	ث	ڈ

زاویہ
ریاضی
فریم
اعشاریہ
ڈگری
قطر
ڈویژن
مساوات
حصہ
ہندسہ

نمبرز
متوازی
احاطہ
کثیرالاضلاع
رداس
مستطیل
مربع
توازن
مثلث
حجم

93 - Water

ث	ک	ں	ا	-	ٹ	ئ	ي	ے	-	ڑ	ج	ظ	ز
ل	چ	ڑ	س	چ	ھ	ل	ب	غ	-	ح	ج	ؤ	ف
ہ	ل	ھ	گ	س	ن	ہ	ر	د	آ	ں	ج	ے	ہ
غ	ں	ٹ	ھ	آ	ڈ	ر	ف	ے	ؤ	ب	ھ	ا	پ
ب	ش	و	ا	ن	پ	ی	ک	ر	ن	ی	ڈ	ہ	ذ
م	ا	پ	ز	ن	و	ں	ن	ش	آ	ے	ؤ	ں	غ
ط	و	ف	اُ	ن	د	ق	م	ن	ؤ	خ	پ	-	ے
ع	ر	ن		ث	ر	ی	ی	ج	ہ	ن	ر	غ	س
ش	ئ	ذ	س	ص	ی	ڑُ	ک	چ	ھ	ذ	س	ڑ	ا
ت	ئ	چ	ي	و	ا	ُ	ے	گ	ب	ی	ث	ک	ش
گ	ی	ز	ر	آ	ن	س	ی	ل	ا	ب	ل	ط	ج
س	م	ن	د	ر	ع	د	آ	ک	ر	چ	ي	ٹُ	ی
ف	ج	ي	دُ	ژُ	آ	ب	پ	ا	ش	ی	خ	ُ	ص
ح	ف	ؤ			ع	ا	-	ي	-	آ	ک	ک	ق

نہر
وانپیکرن
سیلاب
ٹھنڈ
گیزر
طوفان
آبپاشی
جھیل
نمی

مون سون
سمندر
بارش
دریا
شاور
برف
بھاپ
ندی
لہریں

94 - Activities

ر	ب	-	ظ	ز	ز	ظ	و	ص	ڈ	ف	گ	د	د
ج	ب	ع	پ	ئ	ؤ	ل	ک	پ	ڑ	ھ	ن	ے	س
چ	ظ	آ	ز	م	ا	ہ	ی	گ	ی	ر	ی	پ	ت
ي	ت	ر	م	ف	غ	خ	م	ق	آ	ف	ش	ھ	ک
ح	س	ا	ج	ا	د	و	پ	ب	ؤ	ي	ک	ڑ	ا
پ	ل	م	ب	د	آ	ش	ن	خ	ن	ڈ	ا	ل	ر
ب	ا	غ	ب	ا	ن	ی	گ	م	ہ	ا	ر	ت	ی
غ	ئ	ں	ؤ	ت	س	ر	گ	ر	م	ی	ئ	پ	پ
ھ	ی	چ	پُ	ف	چ	م	ج	ذ	ی	ث	ہ	ی	ی
ا	ت	د		ر	ں	ع	ف	ٹ	ض	ؤ	ل	ن	د
خ	ر	ھ	ج	ی	ذ	خ	چ	ز	ہ	آ	ش	ٹ	ل
ف	ا	ق	ص	ح	ک	ھ	ی	ل	آ	ئ	ع	ن	س
ڑ	ا	پ	ص	آ	ت	ٹ	ٹ	چ	غ	-	ف	گ	ف
گ	ض	ص	چ	ٹ	ذ	ج	ذ	ش	ض	ر	ح	ذ	ر

ماہی گیری
باغبانی

95 - Literature

ن	ح	ڑ	ر	ت	م	ا	ے	ہ	ژ	گ	ت	ئ	ی
ظ	خ	ؤ	ث	ج	ص	ؤ	س	ئ	س	گ	و	ا	گ
م	م	و	ا	ز	ن	ہ	ت	ت	ن	ا	و	ل	ل
ب	ڑ	م	-	ی	ف	ص	ض	ش	ع	ت	ھ	ی	م
ش	ح	ا	ک	ہ	ب	ت	چ	ب	ڈ	ا	ُ	غ	ا
ن	ت	ی	ج	ہ	ت	ف	ص	ی	ل	ع	ر	آ	ل
ش	گ	ر	ض	ک	ژ	س	ح	ہ	ق	غ	ا	ہ	م
ا	ف	س	ا	ن	ہ	ط	ت	ہ	ٹ	ض	ئ	خ	ی
ع	ت	-	ں	و	آ	خ	م	ف	آ	ط	ے	چ	ہ
ر	گ	ت	ن	ق	ی	د	س	ٹ	ا	ئ	ل	ض	ف
ا	و	ض	ھ	ع	ل	م	ت	ژ	گ	ہ	ب	آ	-
ن	ھ	ل	ک	ظ	ٹ	ج	ڑ	پ	ث	ھ	و	ش	ڑ
ہ	ی	ی	ژ	ي	ر	ث	م	ص	ئ	ن	پ	و	ر
آ	س	ف	ح	و	د	ص	آ	ھ	ت	-	خ	ی	ت

تشبیہ
تجزیہ
مصنف
موازنہ
نتیجہ
تنقید
تفصیل
گفتگو
افسانہ
استعارہ
راوی
ناول
رائے
نظم
شاعرانہ
تال
سٹائل
تہیم
المیہ

96 - Geography

خ	ل	ک	م	ئ	ز	ت	ڑ	ڑ	چ	ن	ڑ	ہ	ڈ
ی	پ	ث	غ	ی	ل	ر	ک	ں	گ	و	ق	ق	ذ
ے	ب	ذ	د	ع	ر	ض	ا	ل	ب	ل	د	ش	پ
ش	ہ	ر	ث	ز	ن	ی	ج	ز	ی	ر	ہ	م	ہ
ج	د	ع	ا	ن	ڑ	ا	ڈ	ظ	چ	ٹ	و	ا	ا
ن	ن	ي	و	ع	غ	و	ا	ی	ض	ق	ث	ل	ڑ
و	ی	ا	ن	ل	ظ	س	ٹ	ي	ئ	م	غ	ر	ب
ب	ا	ا	چ	ا	ُ	م	ل	ک	ئ	ن	غ	ک	غ
و	ن	-	ا	ق	گ	ن	س	ب	ل	ن	د	ی	ی
ب	ز	م	ئ	ہ	ر	د	ن	ص	ف	ک	ر	ہ	ع
ظ	ڑ	ژ	ی	پ	گ	ر	ث	ہ	ک	ظ	ی	ظ	گ
ذ	م	د	ص	ل	ٹ	ے	و	ت	ش	ف	ا	گ	ہ
ے	ش	ت	چ	خ	ط	ا	س	ت	و	ا	ڈ	ن	ع
ث	ب	ز	س	ے	س	گ	-	ص	ے	ھ	ٹ	ہ	ل

اونچائی
اٹلس
شہر
براعظم
ملک
بلندی
خط استوا
نصف کرہ
جزیرہ
عرض البلد

نقشہ
میریڈیئن
پہاڑ
شمال
دریا
سمندر
جنوب
علاقہ
مغرب
دنیا

97 - Pets

غ	ل	ب	ک	ر	ی	ش	ا	ی	ط	ٹ	ک	چ	ض
ط	ہ	ث	ہ	ت	ئ	م	ط	ط	ظ	ي	ھ	ھ	ن
ُ	ژ	گ	ز	ح	ے	ا	ک	ط	و	ط	ا	پ	ڑ
م	ي	ے	ھ	ي	ؤ	ؤ	گ	ا	ئ	ے	ن	ک	پ
ہ	خ	ع	ے	ذ	ث	س	ہ	ث	ل	ؤ	ا	ل	ں
گ	ف	ز	چ	خ	ا	ئ	ی	ہ	ژ	ر	ت	ی	ے
پ	ک	ت	ا	ر	ت	ُ	م	ز	ظ	ک	ں	ؤ	ظ
ش	ک	ی	ک	گ	ت	ؤ	س	ژ	ن	ں	ذ	ط	ک
و	س	ث	گ	و	ص	پ	ٹ	ا	ل	ض	ے	س	ڈ
چ	ش	ں	آ	ش	ط	ی	ر	ھ	ڑ	ا	ح	ذ	خ
ک	ر	ؤ	ی	چ	چ	ح	ز	و	ث	پ	ک	ڑ	خ
ت	ذ	ٹ	چ	د	ذ	ا	آ	ئ	ي	ا	چ	ئ	ب
س	ں	ن	د	ب	ج	ف	ب	ک	ٹ	ن	ھ	ق	ل
ا	ُ	ی	ي	م	چ	ھ	ل	ی	ن	ی	ی	م	ی

بلی
کالر
گائے
کتا
مچھلی
کھانا
بکری
ہیمسٹر
پٹا

چھپکلی
ماؤس
طوطا
کتے
خرگوش
دم
کچھی
پشوچکتسا
پانی

98 - Nature

ڑ	غ	ر	ڑ	پ	ن	ا	ہ	گ	ا	ہ	د	ع	پ
ہ	م	ت	ح	ر	ک	ڈ	ب	ا	د	ل	ط	ع	ر
پ	ج	م	ئ	س	ش	ش	چ	ث	ر	ئ	ڑ	ع	ا
ت	ن	ج	ذ	ک	ن	ص	گ	ل	ی	ش	ی	ر	م
ے	گ	ا	پ	و	ک	ڈ	ح	ے	ا	آ	ڈ	گ	ن
ئ	ل	ن	ہ	ن	ر	ی	ہ	ر	ؤ	ر	ژ	ظ	ط
ص	ج	و	ا	ط	م	ذ	ی	ر	ا	ک	ٹ	ا	ؤ
ُ	ل	ر	ڑ	ث	ع	ڈ	ق	ز	ث	ٹ	س	غ	د
ہ	خ	و	ب	ص	و	ر	ت	ی	ک	ک	ے	ج	ع
ب	ث	ں	ن	ق	ص	خ	ئ	ظ	ن	ے	آ	پ	ق
پ	ب	ؤ	ا	ڑ	ڈ	د	د	ط	چ	-	ي	ز	آ
ی	ی	ژ	آ	ہ	ں	ڈ	ھ	ی	چ	ز	غ	پ	خ
ظ	ذ	ب	ژ	م	م	ج	ن	گ	ل	ی	و	ر	خ
ا	ش	ن	ک	ٹ	ب	ن	د	ی	ی	ے	ے	ض	س

جانوروں
آرکٹک
خوبصورتی
بادل
صحرا
متحرک
کٹاؤ
دھند
پتے
جنگل
گلیشیر
پہاڑ
پرامن
دریا
پناہ گاہ
پرسکون
پناہ
اشنکٹبندیی
اہم
جنگلی

99 - Championship

چ	ی	م	پ	ئ	ن	ش	پ	ح	ت	م	ی	ب	ش
ح	-	ز	ب	ژ	ط	ؤ	ے	و	ت	ا	ف	ظ	ئ
ے	ک	و	چ	ت	ک	ج	ذ	ص	ئ	ض	ف	ھ	ژ
د	ا	م	ک	ڈ	چ	ض	د	ل	ث	ژ	ے	ج	ٹ
ق	ر	ذ	ت	ھ	ٹ	ع	ب	ہ	ط	ح	ص	ق	ک
خ	ک	ژ	ت	ع	ی	و	ا	ا	ن	گ	پ	د	م
ب	ر	ک	ن	ی	م	ل	ر	ف	ت	ح	خ	آ	ک
ث	د	آ	چ	ذ	ل	ل	ٹ	ز	ث	ص	ا	ث	و
ج	گ	ل	ی	گ	پ	ذ	ی	ا	م	ی	ڈ	ل	ج
ت	ی	ن	م	خ	ص	س	ذ	ئ	س	ي	ن	خ	ج
ڈ	پ	ط	پ	آ	ٹ	ژ	ی	ی	ش	م	ڑ	آ	ر
ی	ل	ب	ئ	ب	غ	ت	ھ	ن	ھ	ق	ي	ت	و
ے	ئ	ض	ن	ش	و	ژ	ب	ر	ہ	ب	ح	ٹ	ت
ب	ر	د	ا	ش	ت	ٹ	و	ر	ن	ا	م	ن	ٹ

چیمپئن
چیمپئن شپ
کوچ
برداشت
حتمی
جج
لیگ
میڈل

حوصلہ افزائی
کارکردگی
پسینہ
کھیل
حکمت عملی
ٹیم
ٹورنامنٹ
فتح

100 - Vacation #2

پ	ص	ے	ض	ىِ	ش	-	ج	ر	ن	ُ	ث	ح	غ
س	ا	و	غ	ُ	ں	ح	آ	ی	ق	ش	ُ	گ	م
ا	خ	س	م	ن	د	ر	خ	س	ش	پ	ہ	ا	ڑ
ح	ی	ژ	پ	چ	ھ	ٹ	ی	ٹ	ہ	ٹ	ت	ذ	غ
ل	م	ع	ق	و	ق	ق	ں	و	-	ر	ڑ	ع	ی
س	ہ	ف	ت	ف	ر	ی	ح	ر	ؤ	ی	ے	ٹ	ر
م	و	ئ	ز	ؤ	ت	ٹ	ث	ن	و	ن	ژ	ن	م
ن	ی	ظ	ج	غ	ی	ی	ھ	ٹ	ص	ط	س	ق	ل
د	ز	ؤ	ز	ف	ر	ع	ٹ	ط	م	ن	ز	ل	ک
ر	ا	ں	ی	ہ	و	ا	ئ	ی	ا	ڈ	ے	و	ی
س	ل	ع	ر	ڈ	ت	ع	ھ	ٹ	ک	ط	ز	ح	ي
ی	ف	ُ	ہ	و	ٹ	ل	-	ا	ڑ	س	م	م	ظ
پ	ر	ر	ک	ی	م	پ	ن	گ	ي	ف	ی	ل	ل
ڑ	پ	-	ُ	ض	ث	ط	ص	ب	ن	ؤ	-	ی	م

ہوائی اڈے
ساحل سمندر
کیمپنگ
منزل
غیر ملکی
چھٹی
ہوٹل
جزیرہ
سفر
تفریح

نقشہ
پہاڑ
پاسپورٹ
ریسٹورنٹ
سمندر
ٹیکسی
خیمہ
ٹرین
نقل و حمل
ویزا

1 - Food #1

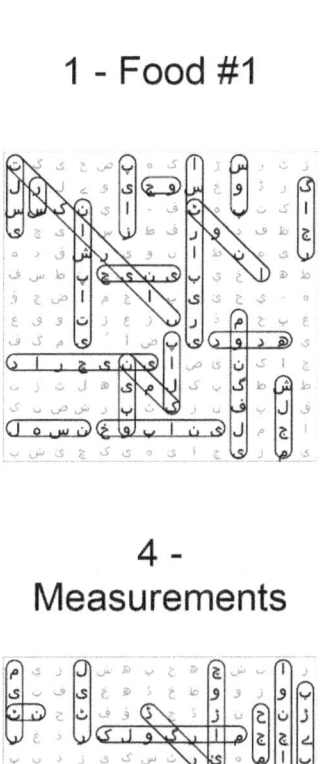

2 - Castles

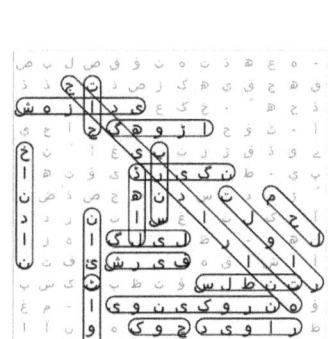

3 - Exploration

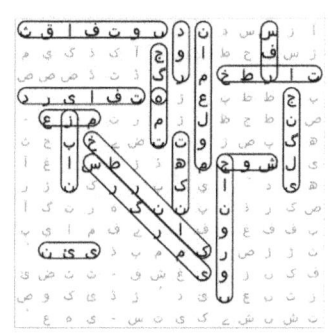

4 - Measurements

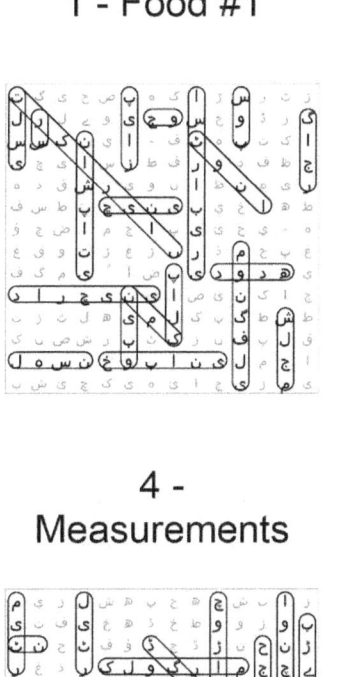

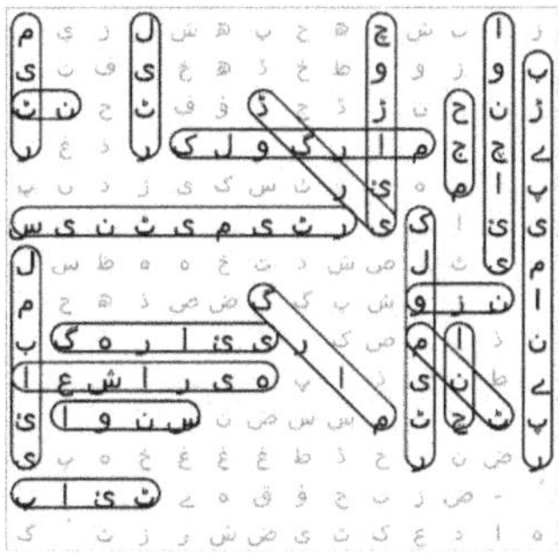

5 - Farm #2

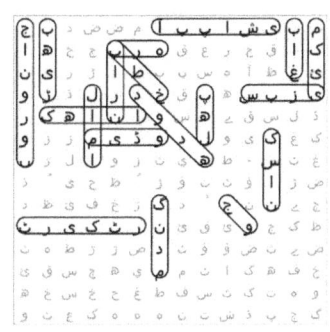

6 - Books

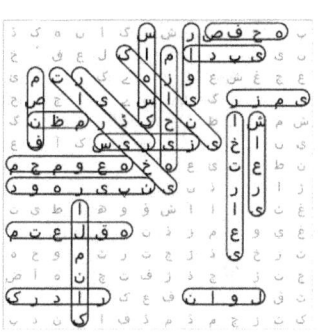

7 - Meditation

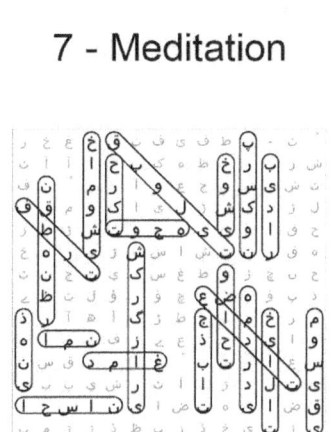

8 - Days and Months

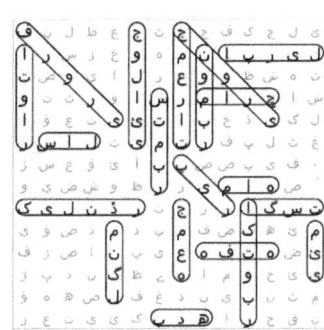

9 - Chess

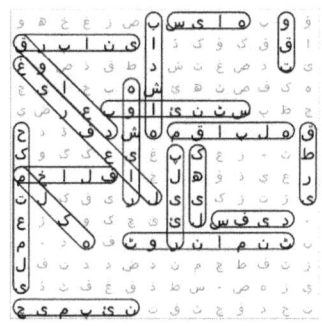

10 - Food #2

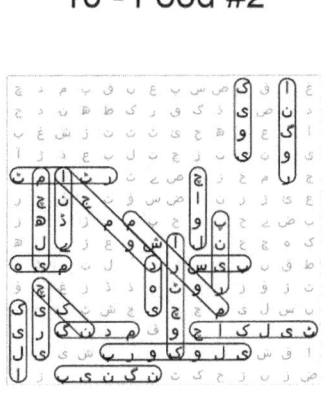

11 - Family

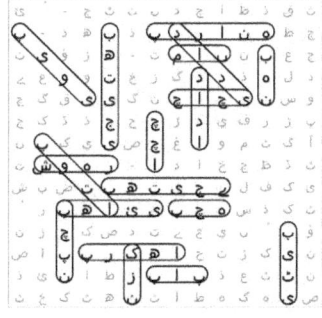

12 - Farm #1

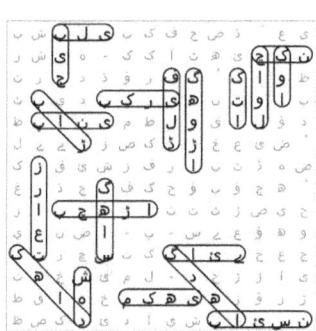

13 - Camping

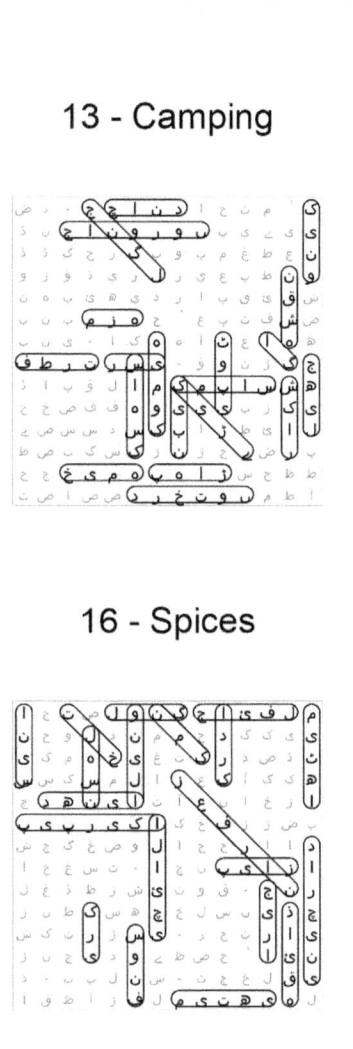

14 - Conservation

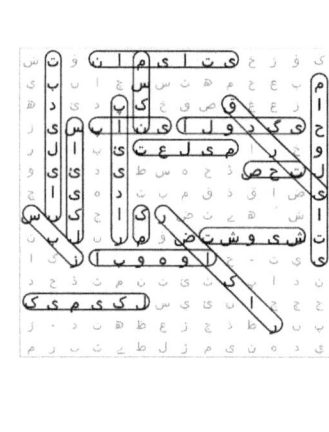

15 - Numbers

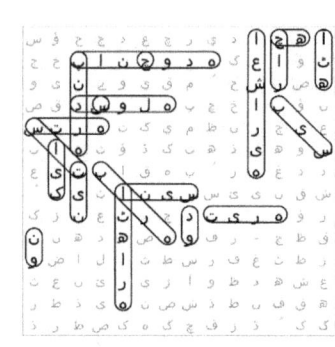

16 - Spices

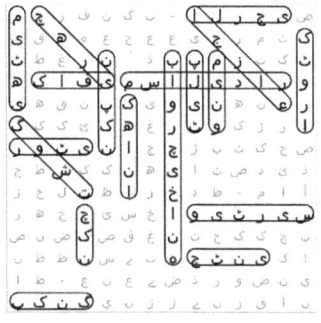

17 - Mammals

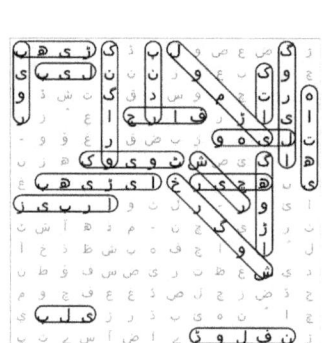
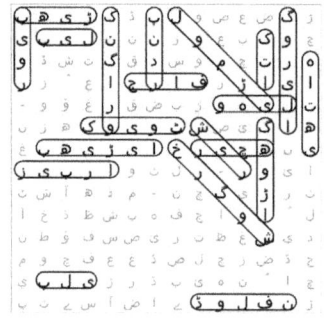

18 - Fishing

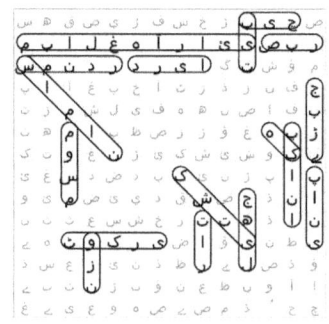

19 - Restaurant #1

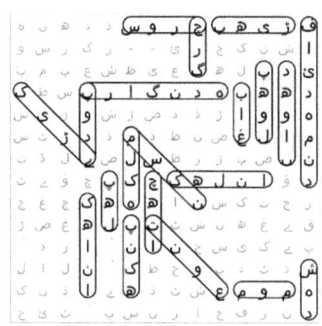

20 - Bees

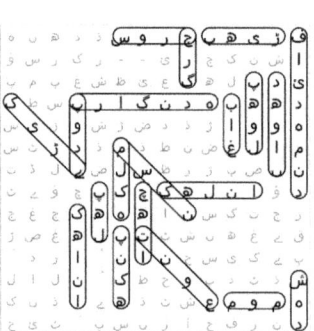

21 - Sports

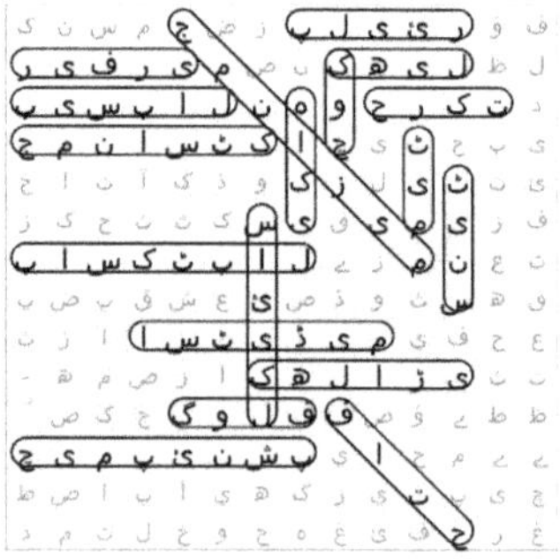

22 - Weather

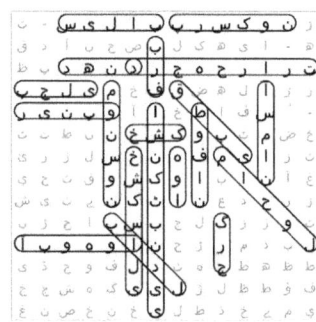

23 - Adventure

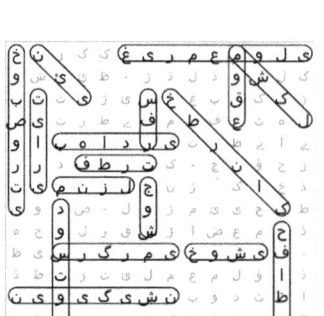
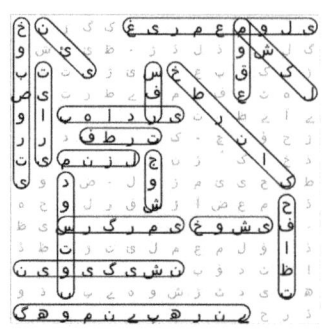

24 - Circus

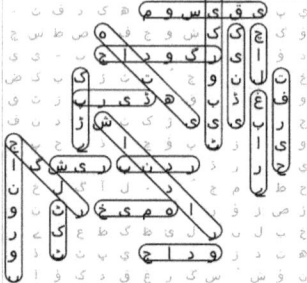

25 - Tools

26 - Restaurant #2

27 - Geology

28 - House

29 - School #1

30 - Dance

31 - Colors

32 - Climbing

33 - Shapes

34 - Scientific Disciplines

35 - School #2

36 - Science

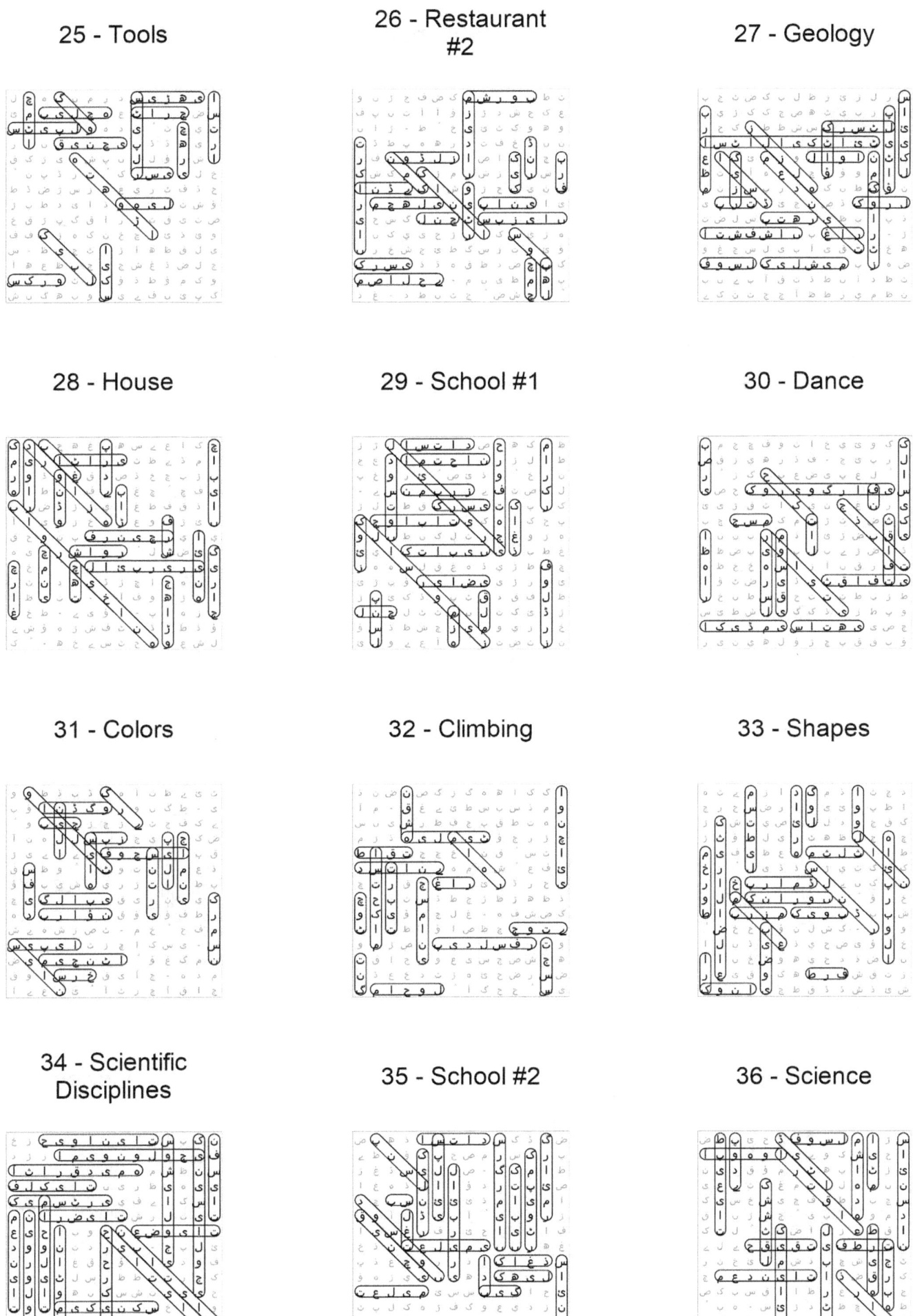

37 - To Fill

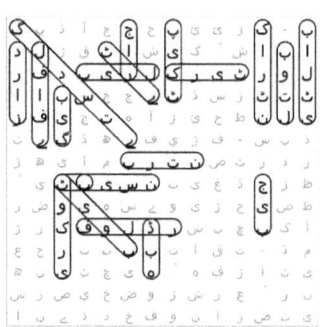

38 - Summer

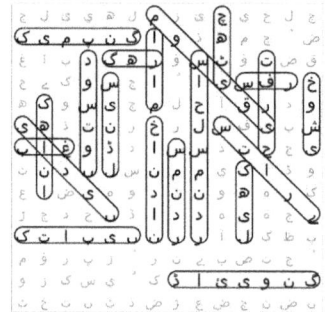

39 - Clothes

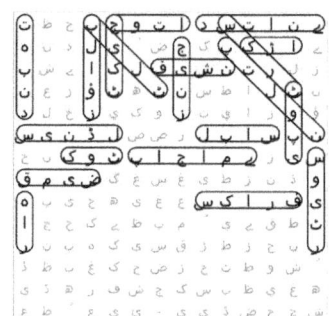

40 - Insects

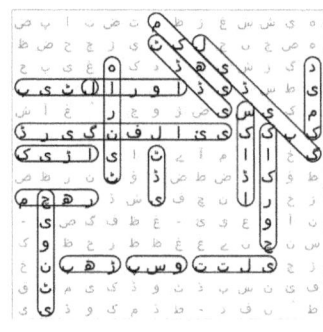

41 - Astronomy

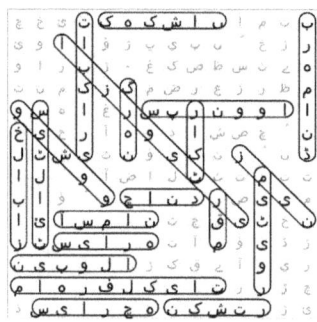

42 - Pirates

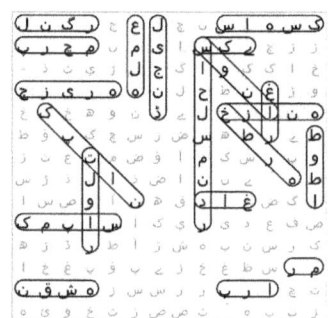

43 - Time

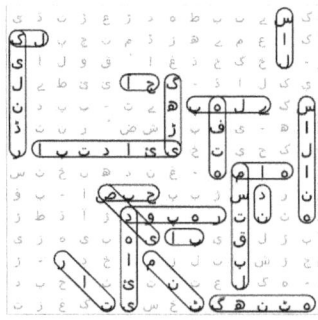

44 - Buildings

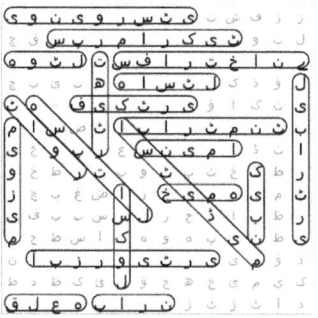

45 - Herbalism

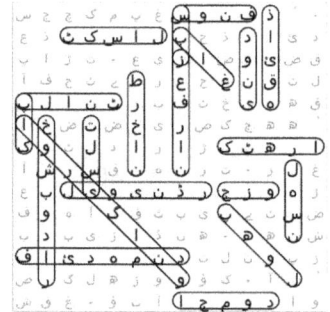

46 - Toys

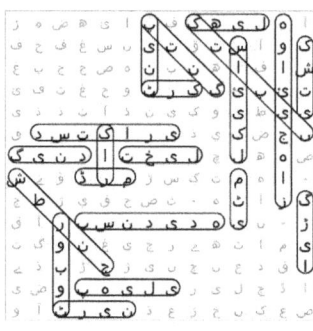

47 - Vehicles

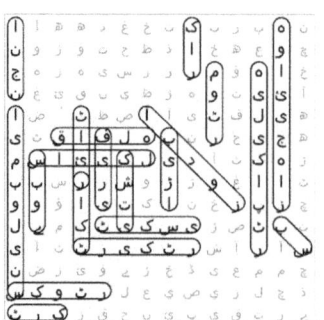

48 - Flowers

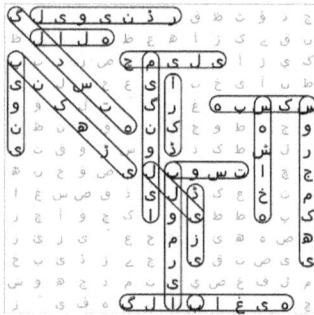

49 - Town

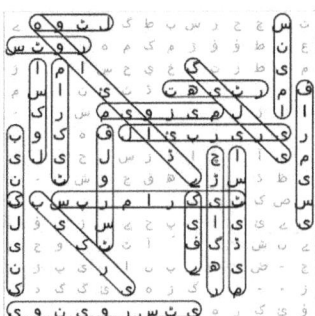

50 - Antarctica

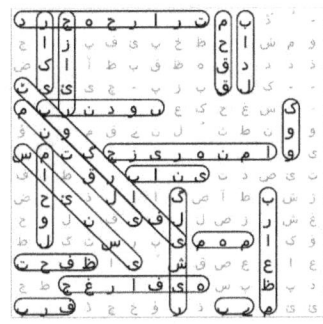

51 - Ballet

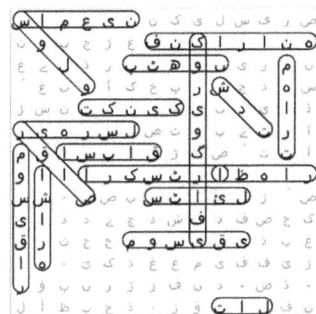

52 - Human Body

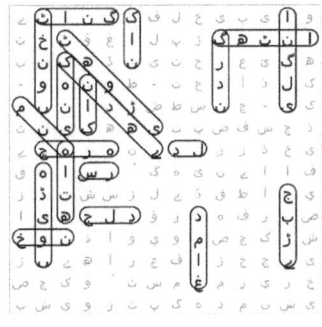

53 - Musical Instruments

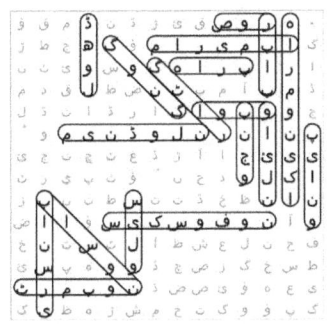

54 - Cooking Tools

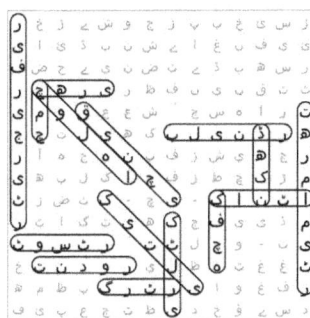

55 - Fruit

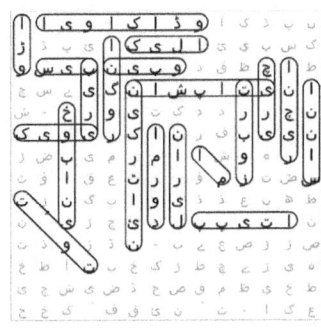

56 - Virtues #1

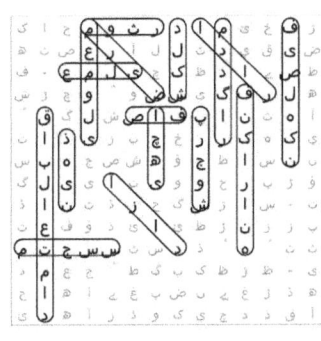

57 - Kitchen

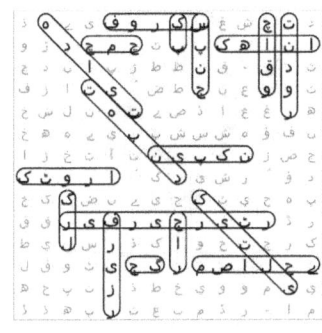

58 - Art Supplies

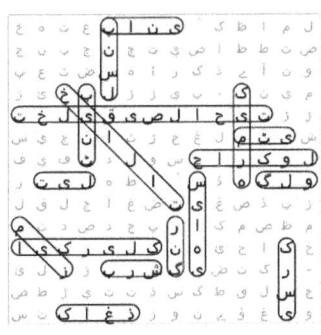

59 - Science Fiction

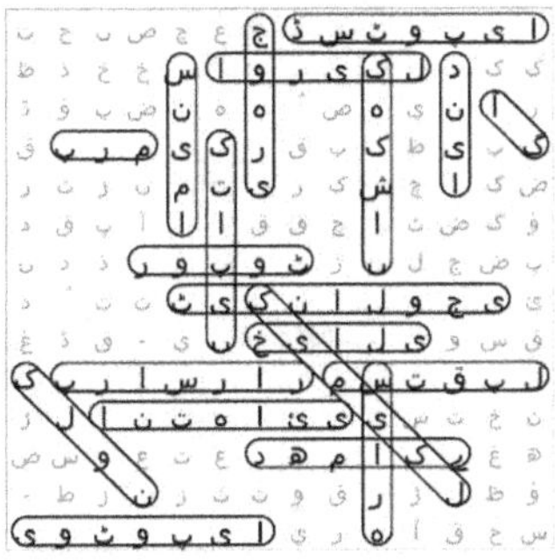

60 - Airplanes

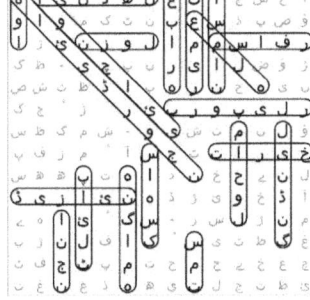

61 - Ocean

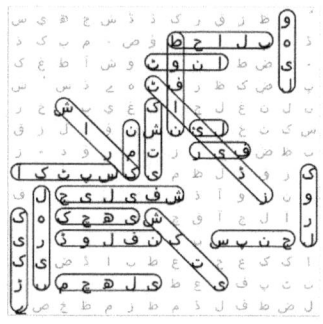

62 - Birds

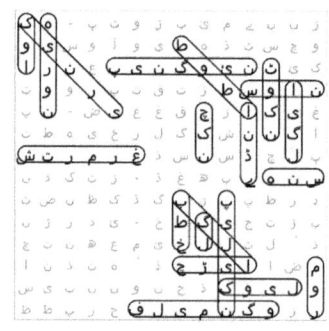

63 - Art

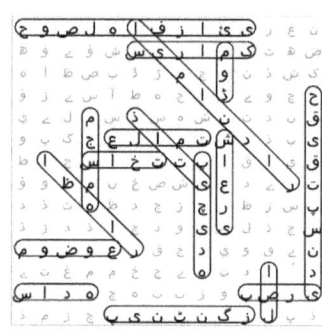

64 - Nutrition

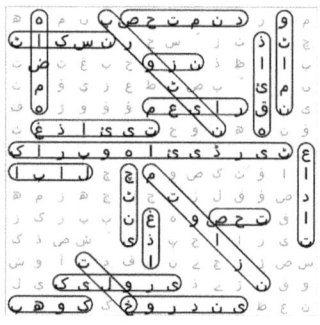

65 - Hiking

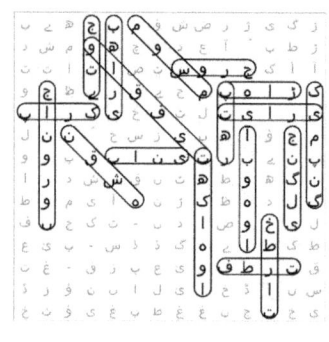

66 - Professions #1

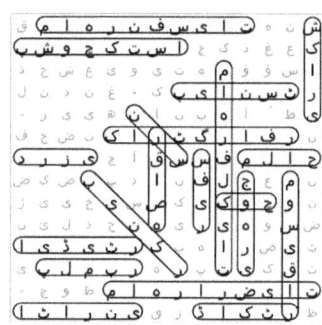

67 - Dinosaurs

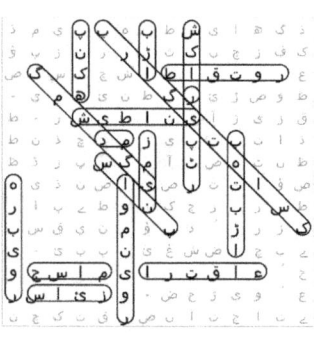

68 - Barbecues

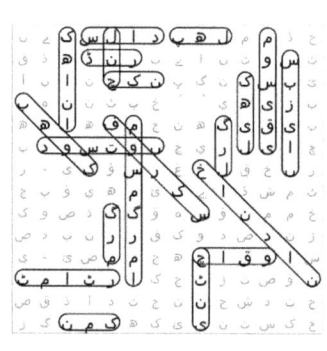

69 - Surfing

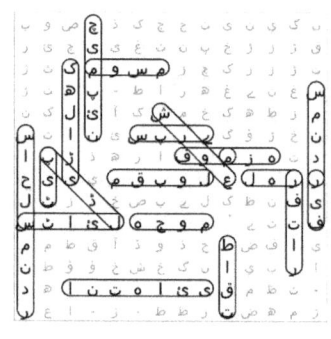

70 - Chocolate

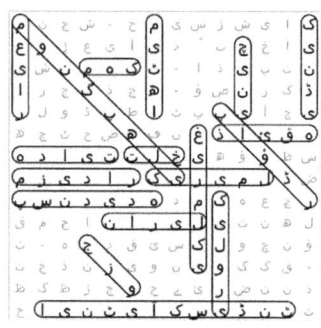

71 - Vegetables

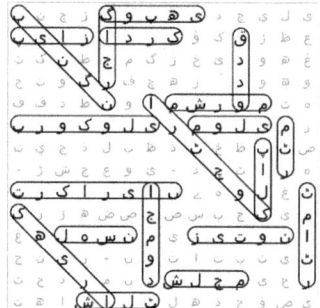

72 - Boats

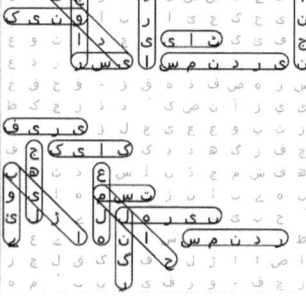

73 - Activities and Leisure

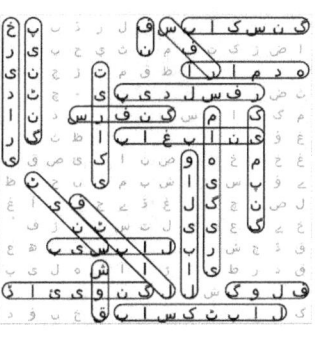

74 - Driving

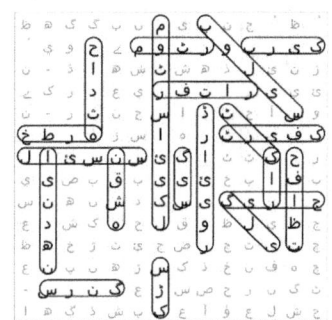

75 - Friendship

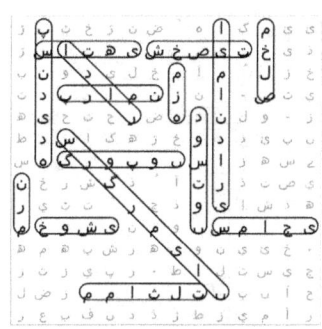

76 - Professions #2

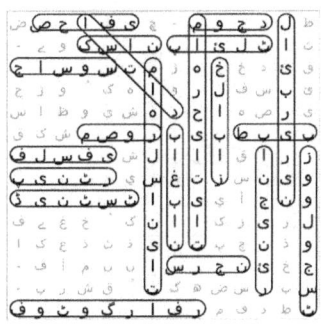

77 - Emotions

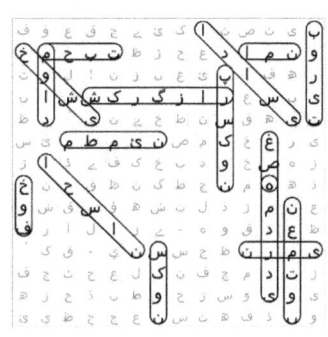

78 - Mythology

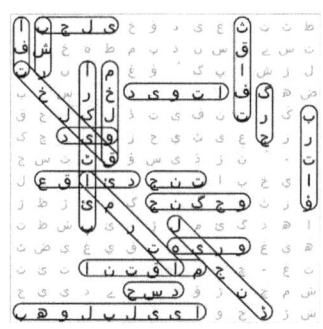

79 - Hair Types

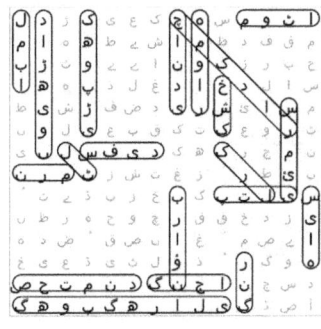

80 - Garden

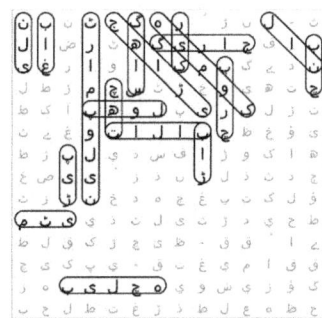

81 - Birthday

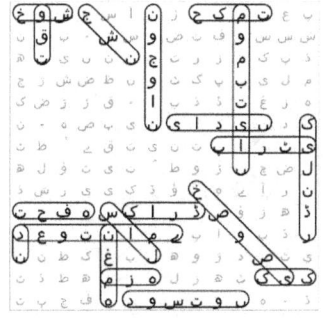

82 - Beach

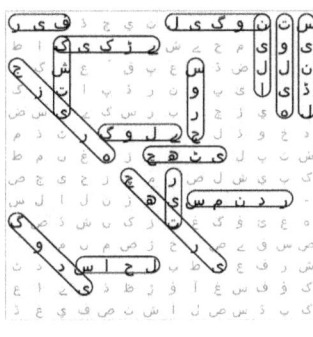

83 - Adjectives #1

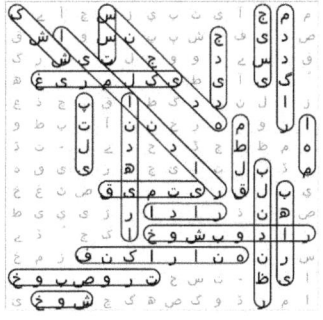

84 - Rainforest

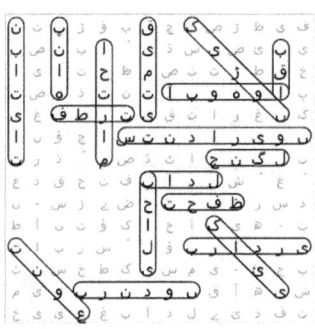

85 - Technology

86 - Landscapes

87 - Visual Arts

88 - Plants

89 - Countries #2

90 - Ecology

91 - Adjectives #2

92 - Math

93 - Water

94 - Activities

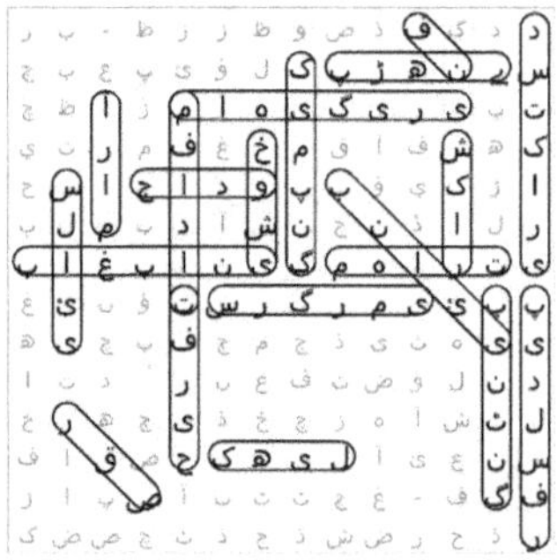

95 - Literature

96 - Geography

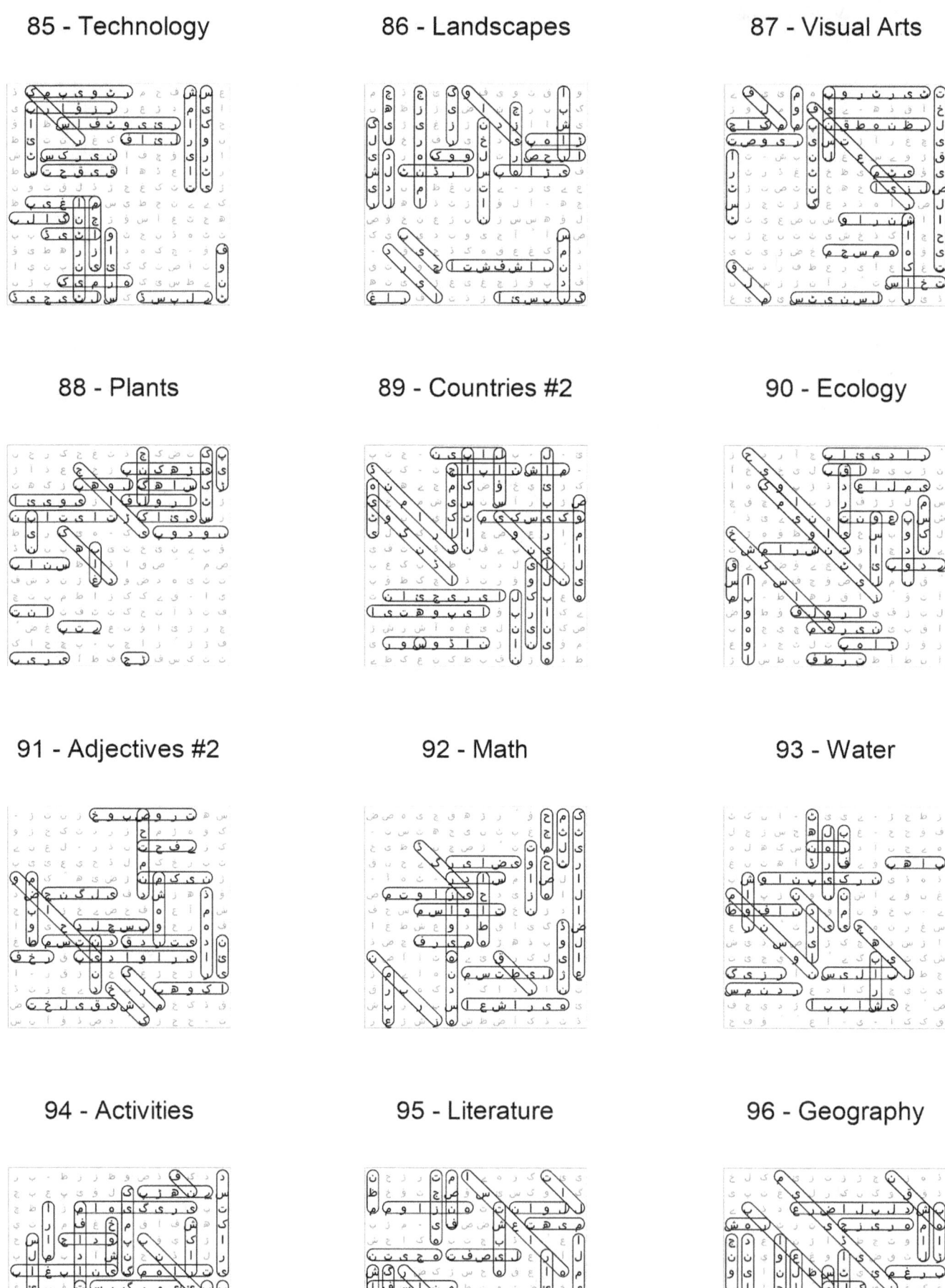

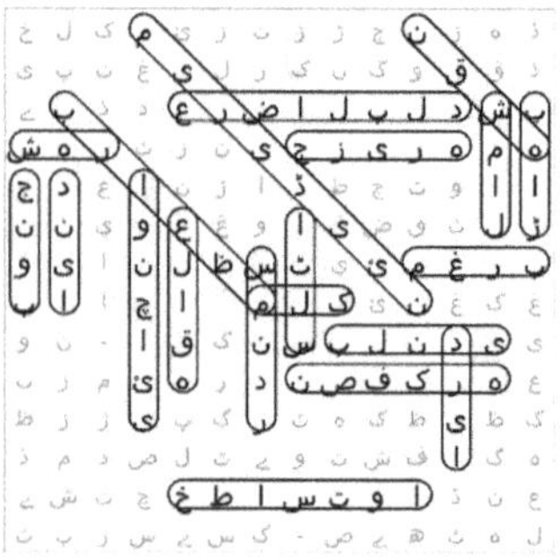

97 - Pets

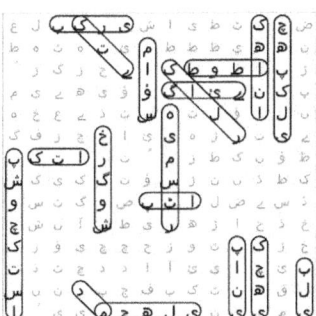

98 - Nature

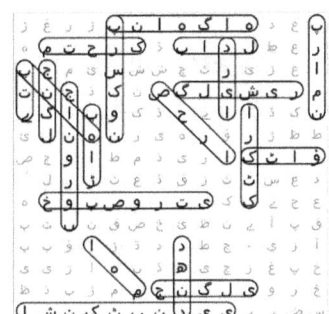

99 - Championship

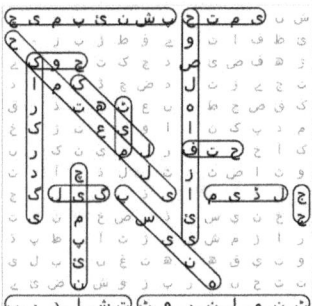

100 - Vacation #2

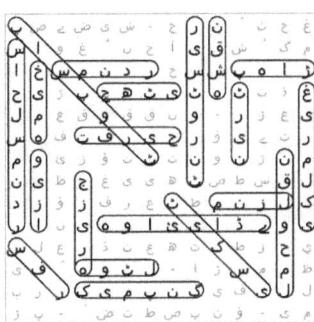

Dictionary

Activities
سرگرمیاں

Activity	سرگرمی
Art	فن
Camping	کیمپنگ
Crafts	دستکاری
Dancing	رقص
Fishing	ماہی گیری
Games	کھیل
Gardening	باغبانی
Hiking	پیدل سفر
Hunting	شکار
Interests	مفادات
Knitting	بنائی
Leisure	تفریح
Magic	جادو
Painting	پینٹنگ
Pleasure	خوشی
Reading	پڑھنے
Relaxation	آرام
Sewing	سلائی
Skill	مہارت

Activities and Leisure
سرگرمیاں اور تفریح

Art	فن
Baseball	بیس بال
Basketball	باسکٹ بال
Boxing	باکسنگ
Camping	کیمپنگ
Diving	ڈائیونگ
Fishing	ماہی گیری
Gardening	باغبانی
Golf	گولف
Hiking	پیدل سفر
Hobbies	شوق
Painting	پینٹنگ
Relaxing	آرام دہ
Shopping	خریداری
Soccer	فٹ بال
Surfing	سرفنگ
Swimming	تیراکی
Tennis	ٹینس
Travel	سفر
Volleyball	والی بال

Adjectives #1
اسم صفت #1

Absolute	مطلق
Ambitious	بلند نظر
Aromatic	خوشبودار
Artistic	فنکارانہ
Attractive	کشش
Beautiful	خوبصورت
Dark	اندھیرا
Exotic	غیر ملکی
Generous	ادار
Happy	خوش
Heavy	بھاری
Helpful	مددگار
Honest	ایماندار
Identical	جیسی
Important	اہم
Modern	جدید
Serious	سنجیدہ
Slow	سست
Thin	پتلی
Valuable	قیمتی

Adjectives #2
اسم صفت #2

Authentic	مستند
Creative	تخلیقی
Descriptive	وضاحتی
Dry	خشک
Elegant	خوبصورت
Famous	مشہور
Gifted	تحفے
Healthy	صحت مند
Hot	گرم
Hungry	بھوکا
Interesting	دلچسپ
Natural	قدرتی
New	نئی
Productive	پیداواری
Proud	فخر
Responsible	ذمہ دار
Salty	نمکین
Sleepy	نیند
Strong	مضبوط
Wild	جنگلی

Adventure
ساہسک

Activity	سرگرمی
Beauty	خوبصورتی
Bravery	بہادری
Chance	موقع
Dangerous	خطرناک
Destination	منزل
Difficulty	مشکل
Enthusiasm	جوش
Excursion	گھومنے پھرنے
Friends	دوستوں
Joy	خوشی
Nature	فطرت
Navigation	نیویگیشن
New	نئی
Preparation	تیاری
Safety	حفاظت
Travels	سفر
Unusual	غیر معمولی

Airplanes
ہوائی جہاز

Adventure	ساہسک
Air	ہوا
Atmosphere	ماحول
Balloon	غبارہ
Construction	تعمیر
Crew	عملہ
Descent	نزول
Design	ڈیزائن
Direction	سمت
Engine	انجن
Fuel	ایندھن
Height	اونچائی
History	تاریخ
Hydrogen	ہائیڈروجن
Landing	لینڈنگ
Passenger	مسافر
Pilot	پائلٹ
Propellers	پروپیلر
Sky	آسمان
Turbulence	ہنگامہ

Antarctica
انٹارکٹیکا

Bay	بے
Birds	پرندوں
Clouds	بادل
Conservation	تحفظ
Continent	براعظم
Cove	کوو
Environment	ماحول
Expedition	مہم
Geography	جغرافیہ
Glaciers	گلیشیئر
Ice	برف
Islands	جزائر
Migration	منتقلی
Peninsula	جزیرہ نما
Researcher	محقق
Rocky	راکی
Scientific	سائنسی
Temperature	درجہ حرارت
Topography	ٹوپوگرافی
Water	پانی

Art
آرٹ

Ceramic	سیرامک
Complex	پیچیدہ
Composition	ساخت
Expression	اظہار
Honest	ایماندار
Inspired	حوصلہ افزائی
Mood	موڈ
Original	اصل
Paintings	پینٹنگز
Personal	ذاتی
Poetry	شاعری
Sculpture	مجسمہ
Simple	سادہ
Subject	موضوع
Surrealism	حقیقت پسندی
Symbol	علامت
Visual	بصری

Art Supplies
آرٹ کی فراہمی

Acrylic	ایکریلک
Brushes	برش
Camera	کیمرہ
Chair	کرسی
Charcoal	چارکول
Clay	مٹی
Colors	رنگ
Creativity	تخلیقی صلاحیت
Glue	گلو
Ideas	خیالات
Ink	سیاہی
Oil	تیل
Paints	پینٹ
Paper	کاغذ
Pencils	پنسل
Table	میز
Water	پانی

Astronomy
فلکیات

Asteroid	سیارچہ
Astronaut	خلاباز
Astronomer	ماہر فلکیات
Constellation	نکشتر
Cosmos	برہمانڈ
Earth	زمین
Eclipse	گرہن
Equinox	ویشوو
Galaxy	کہکشاں
Meteor	میٹیور
Moon	چاند
Nebula	نیبولا
Observatory	آبزرویٹری
Planet	سیارہ
Radiation	تابکاری
Rocket	راکٹ
Satellite	سیٹلائٹ
Sky	آسمان
Supernova	سپرنووا
Zodiac	رقم

Ballet
بیلے

Artistic	فنکارانہ
Audience	سامعین
Choreography	کوریوگرافی
Composer	موسیقار
Dancers	رقاص
Expressive	اظہار
Gesture	اشارہ
Intensity	شدت
Lessons	اسباق
Muscles	پٹھوں
Music	موسیقی
Orchestra	آرکسٹرا
Rehearsal	ریہرسل
Rhythm	تال
Skill	مہارت
Solo	سولو
Style	سٹائل
Technique	تکنیک

Barbecues
باربی کیو

Chicken	چکن
Dinner	ڈنر
Family	خاندان
Food	کھانا
Forks	فورکس
Friends	دوستوں
Fruit	پھل
Games	کھیل
Grill	گرل
Hot	گرم
Hunger	بھوک
Knives	چاقو
Lunch	لنچ
Music	موسیقی
Salads	سلاد
Salt	نمک
Sauce	چٹنی
Summer	موسم گرما
Tomatoes	ٹماٹر
Vegetables	سبزیاں

Beach
بیچ

Blue	نیلا
Boat	کشتی
Coast	ساحل
Crab	کیکڑے
Dock	گودی
Island	جزیرہ
Lagoon	لیگون
Reef	ریف
Sand	ریت
Sandals	سینڈل
Sea	سمندر
Shells	گولے
Sun	سورج
Towel	تولیہ
Umbrella	چھتری
Vacation	چھٹی

Bees
مکھیوں

Beneficial	فائدہ مند
Blossom	کھلنا
Diversity	تنوع
Flowers	پھول
Food	کھانا
Fruit	پھل
Garden	باغ
Habitat	مسکن
Hive	چھتا
Honey	شہد
Insect	کیڑے
Plants	پودے
Pollen	جرگ
Pollinator	پراگندہ
Queen	ملکہ
Smoke	دھواں
Sun	سورج
Swarm	بھیڑ
Wax	موم
Wings	پنکھ

Birds
پرندوں

Canary	کینری
Chicken	چکن
Crow	کوا
Cuckoo	کویل
Duck	بطخ
Eagle	ایگل
Egg	انڈے
Flamingo	فلیمنگو
Goose	ہنس
Gull	گل
Heron	ہیرون
Ostrich	شتر مرغ
Parrot	طوطا
Peacock	مور
Pelican	پیلیکن
Penguin	پینگوئن
Sparrow	چڑیا
Stork	بگلا
Swan	سوان
Toucan	ٹوکن

Birthday
سالگرہ

Cake	کیک
Calendar	کیلنڈر
Candles	موم بتیاں
Cards	کارڈ
Celebration	جشن
Day	دن
Friends	دوستوں
Fun	مزہ
Gift	تحفہ
Happy	خوش
Invitations	دعوت نامے
Memories	یادیں
Party	پارٹی
Song	نغمہ
Special	خصوصی
Time	وقت
Wisdom	حکمت
Year	سال
Young	نوجوان

Boats
کشتیاں

Anchor	لنگر
Buoy	بوئے
Canoe	کینو
Crew	عملہ
Dock	گودی
Engine	انجن
Ferry	فیری
Kayak	کایاک
Lake	جھیل
Mast	مست
Nautical	سمندری
Raft	بیڑا
River	دریا
Rope	رسی
Sailor	ملاح
Sea	سمندر
Tide	جوار
Waves	لہریں
Yacht	یاٹ

Books
کتابیں

Adventure	ساہسک
Author	مصنف
Character	کردار
Collection	مجموعہ
Duality	دوہریپن
Epic	رزمی
Historical	تاریخی
Humorous	مزاحیہ
Inventive	اختراعی
Literary	ادبی
Narrator	راوی
Novel	ناول
Page	صفحہ
Poem	نظم
Poetry	شاعری
Reader	ریڈر
Relevant	متعلقہ
Series	سیریز
Story	کہانی
Tragic	المناک

Buildings
عمارات

Apartment	اپارٹمنٹ
Barn	بارن
Cabin	کیبن
Castle	قلعہ
Cinema	سنیما
Embassy	سفارت خانے
Factory	فیکٹری
Hospital	ہسپتال
Hostel	ہاسٹل
Hotel	ہوٹل
Laboratory	لیبارٹری
Museum	میوزیم
Observatory	آبزرویٹری
School	اسکول
Stadium	اسٹیڈیم
Supermarket	سپر مارکیٹ
Tent	خیمہ
Theater	تھیٹر
Tower	ٹاور
University	یونیورسٹی

Camping
کیمپنگ

Adventure	ساہسک
Animals	جانوروں
Cabin	کیبن
Canoe	کینو
Compass	کمپاس
Fire	آگ
Forest	جنگل
Fun	مزہ
Hammock	ہیموک
Hat	ٹوپی
Hunting	شکار
Insect	کیڑے
Lake	جھیل
Map	نقشہ
Moon	چاند
Mountain	پہاڑ
Nature	فطرت
Rope	رسی
Tent	خیمہ
Trees	درختوں

Castles
قلعے

Armor	کوچ
Catapult	گلیل
Crown	تاج
Dragon	ڈریگن
Dynasty	خاندان
Empire	سلطنت
Feudal	جاگیردارانہ
Fortress	قلعہ
Horse	گھوڑا
Knight	نائٹ
Noble	شریف
Palace	محل
Prince	پرنس
Princess	شہزادی
Shield	ڈھال
Sword	تلوار
Tower	ٹاور
Unicorn	یونیکورن
Wall	دیوار

Championship
چیمپئن شپ

Champion	چیمپئن
Championship	چیمپئن شپ
Coach	کوچ
Endurance	برداشت
Finalist	حتمی
Judge	جج
League	لیگ
Medal	میڈل
Motivation	حوصلہ افزائی
Performance	کارکردگی
Perspiration	پسینہ
Sports	کھیل
Strategy	حکمت عملی
Team	ٹیم
Tournament	ٹورنامنٹ
Victory	فتح

Chess
شطرنج

Black	سیاہ
Champion	چیمپئن
Clever	ہوشیار
Contest	مقابلہ
Diagonal	قطری
Game	کھیل
King	بادشاہ
Opponent	مخالف
Passive	غیر فعال
Player	پلیئر
Points	پوائنٹس
Queen	ملکہ
Rules	قواعد
Sacrifice	قربانی
Strategy	حکمت عملی
Time	وقت
Tournament	ٹورنامنٹ
White	سفید

Chocolate
چاکلیٹ

Antioxidant	اینٹی آکسیڈنٹ
Aroma	مہک
Bitter	تلخ
Calories	کیلوری
Candy	کینڈی
Caramel	کیریمل
Coconut	ناریل
Delicious	مزیدار
Exotic	غیر ملکی
Favorite	پسندیدہ
Ingredient	جزو
Peanuts	مونگ پھلی
Powder	پاؤڈر
Quality	معیار
Recipe	ہدایت
Sugar	چینی
Sweet	میٹھا
Taste	ذائقہ

Circus
سرکس

Acrobat	ایکروبیٹ
Animals	جانوروں
Balloons	غبارے
Candy	کینڈی
Costume	کپڑے
Elephant	ہاتھی
Entertain	تفریح
Juggler	جگلر
Lion	شیر
Magic	جادو
Magician	جادوگر
Monkey	بندر
Music	موسیقی
Parade	پریڈ
Spectacular	شاندار
Spectator	تماشائی
Tent	خیمہ
Ticket	ٹکٹ
Trick	چال

Climbing
چڑھنا

Altitude	اونچائی
Atmosphere	ماحول
Boots	جوتے
Cave	غار
Curiosity	تجسس
Expert	ماہر
Gloves	دستانے
Helmet	ہیلمیٹ
Hiking	پیدل سفر
Injury	چوٹ
Map	نقشہ
Narrow	تنگ
Physical	جسمانی
Stability	استحکام
Strength	طاقت
Training	تربیت

Clothes
کپڑے

Apron	تہبند
Belt	بیلٹ
Blouse	بلاؤز
Bracelet	کڑا
Coat	کوٹ
Dress	لباس
Fashion	فیشن
Gloves	دستانے
Hat	ٹوپی
Jacket	جیکٹ
Jeans	جینز
Necklace	ہار
Pajamas	پاجامے
Pants	پتلون
Sandals	سینڈل
Scarf	اسکارف
Shirt	قمیض
Shoe	جوتا
Skirt	سکرٹ
Sweater	سویٹر

Colors
رنگوں

Beige	بیج
Black	سیاہ
Blue	نیلا
Brown	براؤن
Crimson	کرمسن
Cyan	سیان
Fuchsia	فوچسیا
Green	سبز
Grey	گرے
Indigo	انڈگو
Magenta	میجنٹا
Orange	سنترہ
Pink	گلابی
Purple	جامنی
Red	سرخ
Sepia	سیپیا
Violet	وائلیٹ
White	سفید
Yellow	پیلا

Conservation
کنزرویشن

Changes	تبدیلیاں
Chemicals	کیمیکل
Climate	آب و ہوا
Concern	تشویش
Cycle	سائیکل
Education	تعلیم
Environmental	ماحولیاتی
Green	سبز
Habitat	مسکن
Health	صحت
Natural	قدرتی
Organic	نامیاتی
Pollution	آلودگی
Reduce	کم
Sustainable	پائیدار
Volunteer	رضاکار
Water	پانی

Cooking Tools
کھانا پکانے کے اوزار

Blender	بلینڈر
Cutlery	کٹلری
Fork	کانٹا
Grater	گریٹر
Kettle	کیتلی
Knife	چھری
Lid	ڈھکن
Oven	تندور
Refrigerator	ریفریجریٹر
Scissors	قینچی
Spatula	کفچہ
Spoon	چمچ
Stove	چولہا
Thermometer	تھرمامیٹر
Toaster	ٹوسٹر

Countries #2
ممالک #2

Albania	البانیہ
Denmark	ڈنمارک
Ethiopia	ایتھوپیا
Greece	یونان
Haiti	ہیٹی
Jamaica	جمیکا
Japan	جاپان
Laos	لاؤس
Lebanon	لبنان
Liberia	لائبیریا
Mexico	میکسیکو
Nepal	نیپال
Nigeria	نائجیریا
Pakistan	پاکستان
Russia	روس
Somalia	صومالیہ
Sudan	سوڈان
Syria	شام
Uganda	یوگنڈا
Ukraine	یوکرین

Dance
رقص

Academy	اکیڈمی
Art	فن
Body	جسم
Choreography	کوریوگرافی
Classical	کلاسیکی
Cultural	ثقافتی
Culture	ثقافت
Emotion	جذبات
Expressive	اظہار
Movement	حرکت
Music	موسیقی
Partner	ساتھی
Rehearsal	ریہرسل
Rhythm	تال
Traditional	روایتی
Visual	بصری

Days and Months
دن اور مہینے

April	اپریل
August	اگست
Calendar	کیلنڈر
February	فروری
Friday	جمعہ
January	جنوری
July	جولائی
March	مارچ
May	مئی
Monday	پیر
Month	ماہ
November	نومبر
October	اکتوبر
Saturday	ہفتہ
September	ستمبر
Sunday	اتوار
Thursday	جمعرات
Tuesday	منگل
Wednesday	بدھ
Year	سال

Dinosaurs
ڈایناسور

Disappearance	گمشدگی
Earth	زمین
Enormous	بہت بڑا
Evolution	ارتقاء
Herbivore	ہربیور
Large	بڑا
Mammoth	جسام
Omnivore	اومنیور
Powerful	طاقتور
Prehistoric	پراگیتہاسک
Prey	شکار
Raptor	ریپٹر
Reptile	سانپ
Size	سائز
Tail	دم
Vicious	شیطانی
Wings	پنکھ

Driving
ڈرائیونگ

Accident	حادثہ
Brakes	بریک
Car	کار
Danger	خطرہ
Driver	ڈرائیور
Fuel	ایندھن
Garage	گیراج
Gas	گیس
License	لائسنس
Map	نقشہ
Motor	موٹر
Motorcycle	موٹر سائیکل
Police	پولیس
Road	سڑک
Safety	حفاظت
Speed	رفتار
Street	گلی
Traffic	ٹریفک
Truck	ٹرک
Tunnel	سرنگ

Ecology
ماحولیاتی

Climate	آب و ہوا
Communities	کمیونٹیز
Diversity	تنوع
Drought	خشک سالی
Fauna	حیوانات
Flora	فلورا
Global	عالمی
Habitat	مسکن
Marine	میرین
Marsh	مارش
Mountains	پہاڑ
Natural	قدرتی
Nature	فطرت
Plants	پودے
Resources	وسائل
Survival	بقا
Sustainable	پائیدار
Variety	قسم
Vegetation	پودوں
Volunteers	رضاکاروں

Emotions
تابذج

Anger	ہصغ
Bliss	ںوتمعن
Boredom	تیروب
Calm	نوکسرپ
Content	مواد
Fear	فوخ
Grateful	رازگ رکش
Joy	یشوخ
Kindness	ناسحا
Love	تبحم
Peace	نما
Sadness	یسادا
Satisfied	نئمطم
Sympathy	یدردمہ
Tenderness	یمرن
Tranquility	نوکس

Exploration
ریسرچ

Activity	یمرگرس
Animals	ںوروناج
Courage	تمہ
Cultures	ںوتفاقث
Determination	مزع
Discovery	تفایرد
Distant	رود
Excitement	شوج
Exhaustion	نکھت
Hazards	تارطخ
Language	نابز
New	یئن
Perilous	کانرطخ
Space	ہگج
Travel	رفس
Unknown	مولعمان
Wild	یلگنج

Family
ناداناخ

Ancestor	اھکرپ
Aunt	یچاچ
Brother	یئاھب
Child	ہچب
Childhood	نپچب
Cousin	نزک
Daughter	یٹیب
Father	پاب
Grandchild	اتوپ
Grandfather	اداد
Grandmother	یداد
Husband	رہوش
Mother	ںام
Nephew	ےجیتھب
Niece	یجیتھب
Paternal	ہناردپ
Sister	نہب
Uncle	اچچ
Wife	یویب

Farm #1
مراف #1

Agriculture	تعارز
Bee	یھکم
Bison	نسئاب
Calf	اڑھچب
Cat	یلب
Chicken	نکچ
Cow	ےئاگ
Crow	اوک
Dog	اتک
Donkey	اھدگ
Fence	ڑاب
Fertilizer	داھک
Field	ڈلیف
Goat	یرکب
Hay	ساھگ
Honey	دہش
Horse	اڑوھگ
Rice	لواچ
Seeds	جیب
Water	یناپ

Farm #2
مراف #2

Animals	ںوروناج
Barley	وج
Barn	ناراب
Corn	یئکم
Duck	خطب
Farmer	ناسک
Food	اناھک
Fruit	لھپ
Irrigation	یشاپبآ
Lamb	ہرب
Llama	امال
Meadow	وڈیم
Milk	ھدود
Orchard	غاب
Sheep	ڑیھب
Tractor	رٹکیرٹ
Vegetable	یزبس
Wheat	مدنگ

Fishing
یریگ یہام

Bait	تیب
Basket	یرکوٹ
Beach	چیب
Boat	یتشک
Cook	اناکپ
Equipment	ناماس
Exaggeration	یئارآ ہغلابم
Hook	کہ
Jaw	ےڑبج
Lake	لیھج
Ocean	ردنمس
Patience	ربص
River	ایرد
Season	مسوم
Water	یناپ
Weight	نزو
Wire	رات

Flowers
پھول

Bouquet	گلدستہ
Clover	سہ شاخہ
Daisy	ڈیزی
Gardenia	باغیہ
Hibiscus	ہیبسکس
Jasmine	چمیلی
Lavender	لیونڈر
Lily	للی
Magnolia	میگنولیا
Orchid	آرکڈ
Peony	پیونی
Petal	پنکھڑی
Plumeria	پلومریا
Poppy	پوست
Rose	گلاب
Sunflower	سورج مکھی
Tulip	لالہ

Food #1
خوراک 1#

Apricot	خوبانی
Barley	جو
Basil	تلسی
Carrot	گاجر
Cinnamon	دار چینی
Garlic	لہسن
Juice	رس
Lemon	نیبو
Milk	دودھ
Onion	پیاز
Peanut	مونگفلی
Pear	ناشپاتی
Salad	ترکاریاں
Salt	نمک
Soup	سوپ
Spinach	پالک
Strawberry	اسٹرابیری
Sugar	چینی
Tuna	ٹونا
Turnip	شلجم

Food #2
خوراک 2#

Apple	سیب
Artichoke	آرٹچوک
Banana	کیلا
Broccoli	بروکولی
Celery	اجمود
Cheese	پنیر
Cherry	چیری
Chicken	چکن
Chocolate	چاکلیٹ
Egg	انڈے
Eggplant	بینگن
Fish	مچھلی
Grape	انگور
Ham	ہیم
Kiwi	کیوی
Mushroom	مشروم
Rice	چاول
Tomato	ٹماٹر
Wheat	گندم
Yogurt	دہی

Friendship
دوستی

Activities	سرگرمیاں
Companion	ساتھی
Favorite	پسندیدہ
Friends	دوستوں
Fun	مزہ
Generous	دارا
Gentle	نرم
Groups	گروپوں
Happiness	خوشی
Honesty	ایمانداری
Peaceful	پرامن
Personality	شخصیت
Similarity	مماثلت
Sincere	مخلص
Social	سماجی

Fruit
پھل

Apple	سیب
Apricot	خوبانی
Avocado	ایواکاڈو
Banana	کیلا
Berry	بیری
Cherry	چیری
Coconut	ناریل
Fig	انجیر
Grape	انگور
Guava	امرود
Kiwi	کیوی
Lemon	نیبو
Mango	آم
Melon	تربوز
Nectarine	نیکٹرائن
Papaya	پپیتا
Peach	آڑو
Pear	ناشپاتی
Pineapple	اناناس
Raspberry	توُت

Garden
باغ

Bench	بنچ
Bush	جھاڑی
Fence	باڑ
Flower	پھول
Garage	گیراج
Garden	باغ
Grass	گھاس
Hammock	ہیموک
Hose	نلی
Lawn	لان
Pond	تالاب
Porch	پورچ
Rake	ریک
Shovel	بیلچہ
Soil	مٹی
Terrace	چھت
Trampoline	ٹرامپولین
Tree	پیڑ

Geography
جغرافیہ

Altitude	اونچائی
Atlas	اٹلس
City	شہر
Continent	براعظم
Country	ملک
Elevation	بلندی
Equator	خط استوا
Hemisphere	نصف کرہ
Island	جزیرہ
Latitude	عرض البلد
Map	نقشہ
Meridian	میریڈیئن
Mountain	پہاڑ
North	شمال
River	دریا
Sea	سمندر
South	جنوب
Territory	علاقہ
West	مغرب
World	دنیا

Geology
ارضیات

Acid	ایسڈ
Calcium	کیلشیم
Cavern	غار
Continent	براعظم
Coral	کورل
Crystals	کرسٹل
Cycles	سائیکل
Earthquake	زلزلہ
Erosion	کٹاؤ
Fossil	فوسل
Geyser	گیزر
Lava	لاوا
Layer	پرت
Minerals	معدنیات
Plateau	پلیٹاؤ
Quartz	کوارٹز
Salt	نمک
Stalactite	اسٹالاکٹائٹ
Stone	پتھر
Volcano	آتش فشاں

Hair Types
بالوں کی اقسام

Bald	گنجا
Black	سیاہ
Braided	لٹ
Braids	داڑھیوں
Brown	براؤن
Colored	رنگ
Curls	کرل
Curly	گھونگھرالی
Dry	خشک
Gray	سرمئی
Healthy	صحت مند
Long	لمبا
Scalp	کھوپڑی
Shiny	چمکدار
Silver	چاندی
Smooth	ہموار
Soft	نرم
Thick	موٹا
Thin	پتلی
White	سفید

Herbalism
ہربلزم

Aromatic	خوشبودار
Basil	تلسی
Beneficial	فائدہ مند
Culinary	پاک
Fennel	سونف
Flavor	ذائقہ
Flower	پھول
Garden	باغ
Garlic	لہسن
Green	سبز
Ingredient	جزو
Lavender	لیونڈر
Marjoram	کٹھرا
Mint	ٹکسال
Oregano	اوریگانو
Parsley	اجمود
Plant	پلانٹ
Rosemary	دونی
Saffron	زعفران
Tarragon	طرخان

Hiking
پیدل سفر

Animals	جانوروں
Boots	جوتے
Camping	کیمپنگ
Climate	آب و ہوا
Hazards	خطرات
Heavy	بھاری
Map	نقشہ
Mountain	پہاڑ
Nature	فطرت
Orientation	واقفیت
Parks	پارک
Preparation	تیاری
Stones	پتھر
Sun	سورج
Tired	تھکا ہوا
Water	پانی
Weather	موسم
Wild	جنگلی

House
ہاؤس

Attic	اٹاری
Broom	جھاڑو
Curtains	پردے
Door	دروازہ
Fence	باڑ
Fireplace	چمنی
Floor	فرش
Furniture	فرنیچر
Garage	گیراج
Garden	باغ
Keys	چابیاں
Kitchen	باورچی خانہ
Lamp	چراغ
Library	لائبریری
Mirror	آئینہ
Roof	چھت
Room	کمرہ
Shower	شاور
Wall	دیوار
Window	ونڈو

Human Body
انسانی جسم

Ankle	ٹخنوں
Blood	خون
Bones	ہڈیوں
Brain	دماغ
Chin	ٹھوڑی
Ear	کان
Elbow	کہنی
Face	چہرہ
Finger	انگلی
Hand	ہاتھ
Head	سر
Heart	دل
Jaw	جبڑے
Knee	گھٹنا
Leg	ٹانگ
Mouth	منہ
Neck	گردن
Nose	ناک
Shoulder	کندھے
Skin	جلد

Insects
کیڑوں

Ant	چیونٹی
Bee	مکھی
Beetle	بیٹل
Butterfly	تتلی
Cicada	سکاڈا
Cockroach	کاکروچ
Dragonfly	ڈریگن فلائی
Flea	پسو
Grasshopper	ٹڈی
Hornet	ہارنیٹ
Ladybug	لیڈی بگ
Larva	لاروا
Locust	ٹڈی
Mosquito	مچھر
Termite	دیمک
Wasp	بھڑ
Worm	کیڑا

Kitchen
باورچی خانے

Apron	تہبند
Bowl	کٹورا
Cups	کپ
Food	کھانا
Forks	فورکس
Freezer	فریزر
Grill	گرل
Jar	جار
Jug	جگ
Kettle	کیتلی
Knives	چاقو
Napkin	نیپکن
Oven	تندور
Recipe	ہدایت
Refrigerator	ریفریجریٹر
Spices	مصالحے
Sponge	سپنج
Spoons	چمچ

Landscapes
منظر

Beach	بیچ
Cave	غار
Cove	کوو
Desert	صحرا
Geyser	گیزر
Glacier	گلیشیر
Hill	پہاڑی
Iceberg	آئس برگ
Island	جزیرہ
Lake	جھیل
Mountain	پہاڑ
Oasis	نخلستان
Peninsula	جزیرہ نما
River	دریا
Sea	سمندر
Swamp	دلدل
Tundra	ٹنڈرا
Valley	وادی
Volcano	آتش فشاں
Waterfall	آبشار

Literature
ادب

Analogy	تشبیہ
Analysis	تجزیہ
Author	مصنف
Comparison	موازنہ
Conclusion	نتیجہ
Critique	تنقید
Description	تفصیل
Dialogue	گفتگو
Fiction	افسانہ
Metaphor	استعارہ
Narrator	راوی
Novel	ناول
Opinion	رائے
Poem	نظم
Poetic	شاعرانہ
Rhythm	تال
Style	سٹائل
Theme	تھیم
Tragedy	المیہ

Mammals
ستنپایاں

Bear	ریچھ
Beaver	بیور
Bull	بیل
Cat	بلی
Coyote	کویوٹ
Dog	کتا
Dolphin	ڈولفن
Elephant	ہاتھی
Fox	لومڑی
Giraffe	زرافہ
Gorilla	گوریلا
Horse	گھوڑا
Kangaroo	کینگرو
Lion	شیر
Monkey	بندر
Rabbit	خرگوش
Sheep	بھیڑ
Whale	وہیل
Wolf	بھیڑیا
Zebra	زیبرا

Math
ریاضی

Angles	زاویہ
Arithmetic	ریاضی
Circumference	فریم
Decimal	اعشاریہ
Degrees	ڈگری
Diameter	قطر
Division	ڈویژن
Equation	مساوات
Fraction	حصہ
Geometry	ہندسہ
Numbers	نمبرز
Parallel	متوازی
Perimeter	احاطہ
Polygon	کثیرالاضلاع
Radius	رداس
Rectangle	مستطیل
Square	مربع
Symmetry	توازن
Triangle	مثلث
Volume	حجم

Measurements
پیمائش

Byte	بائٹ
Centimeter	سینٹی میٹر
Decimal	اعشاریہ
Degree	ڈگری
Depth	گہرائی
Gram	گرام
Height	اونچائی
Inch	انچ
Kilogram	کلوگرام
Kilometer	کلومیٹر
Length	لمبائی
Liter	لیٹر
Mass	بڑے پیمانے پر
Meter	میٹر
Minute	منٹ
Ounce	اونس
Ton	ٹن
Volume	حجم
Weight	وزن
Width	چوڑائی

Meditation
مراقبہ

Acceptance	قبولیت
Attention	توجہ
Awake	بیدار
Calm	پرسکون
Clarity	وضاحت
Compassion	ہمدردی
Emotions	جذبات
Gratitude	شکرگزاری
Habits	عادات
Happiness	خوشی
Kindness	احسان
Mental	ذہنی
Mind	دماغ
Movement	حرکت
Music	موسیقی
Nature	فطرت
Peace	امن
Perspective	نقطہ نظر
Silence	خاموشی
Thoughts	خیالات

Musical Instruments
موسیقی کے آلات

Banjo	بینجو
Bassoon	باسون
Cello	سیلو
Drum	ڈھول
Flute	بانسری
Gong	گونگ
Guitar	گٹار
Harmonica	ہارمونیکا
Harp	ہارپ
Mandolin	مینڈولن
Marimba	ماریمبا
Oboe	اوبو
Piano	پیانو
Saxophone	سیکسوفون
Tambourine	رباب
Trombone	ٹرومبون
Trumpet	صور
Violin	وائلن

Mythology
افسانہ

Archetype	آرکیٹائپ
Behavior	برتاؤ
Beliefs	عقائد
Creation	تخلیق
Creature	مخلوق
Culture	ثقافت
Deities	دیوتا
Disaster	آفت
Heaven	جنت
Hero	ہیرو
Immortality	امرتا
Jealousy	حسد
Labyrinth	بھولبلییاں
Legend	لیجنڈ
Lightning	بجلی
Monster	دیو
Mortal	بشر
Revenge	انتقام
Thunder	گرج
Warrior	جنگجو

Nature
فطرت

Animals	جانور
Arctic	آرکٹک
Beauty	خوبصورتی
Clouds	بادل
Desert	صحرا
Dynamic	متحرک
Erosion	کٹاؤ
Fog	دھند
Foliage	پتے
Forest	جنگل
Glacier	گلیشیر
Mountains	پہاڑ
Peaceful	پرامن
River	دریا
Sanctuary	پناہ گاہ
Serene	پرسکون
Shelter	پناہ
Tropical	اشنکٹبندیی
Vital	اہم
Wild	جنگلی

Numbers
نمبرز

Decimal	اعشاریہ
Eight	آٹھ
Eighteen	اٹھارہ
Fifteen	پندرہ
Five	پانچ
Four	چار
Fourteen	چودہ
Nine	نو
Nineteen	انیس
One	ایک
Seven	سات
Seventeen	سترہ
Six	چھ
Sixteen	سولہ
Ten	دس
Thirteen	تیرہ
Three	تین
Twelve	بارہ
Twenty	بیس
Two	دو

Nutrition
غذائیت

Appetite	بھوک
Balanced	متوازن
Bitter	تلخ
Calories	کیلوری
Carbohydrates	کاربوہائیڈریٹ
Diet	غذا
Digestion	ہاضمہ
Edible	خوردنی
Fermentation	ابال
Flavor	ذائقہ
Habits	عادات
Health	صحت
Healthy	صحت مند
Nutrient	غذائیت
Proteins	پروٹین
Quality	معیار
Sauce	چٹنی
Toxin	ٹاکسن
Vitamin	وٹامن
Weight	وزن

Ocean
سمندر

Algae	طحالب
Boat	کشتی
Coral	کورل
Dolphin	ڈولفن
Eel	ئل
Fish	مچھلی
Jellyfish	جیلیفش
Octopus	آکٹپس
Oyster	شکتی
Reef	ریف
Salt	نمک
Shark	شارک
Shrimp	کیکڑے
Sponge	سپنج
Storm	طوفان
Tides	ٹائیڈز
Tuna	ٹونا
Turtle	کچھی
Waves	لہریں
Whale	وہیل

Pets
پالتو جانور

Cat	بلی
Collar	کالر
Cow	گائے
Dog	کتا
Fish	مچھلی
Food	کھانا
Goat	بکری
Hamster	ہیمسٹر
Leash	پٹا
Lizard	چھپکلی
Mouse	ماؤس
Parrot	طوطا
Puppy	کتے
Rabbit	خرگوش
Tail	دم
Turtle	کچھی
Veterinarian	پشوچکتسا
Water	پانی

Pirates
قزاقوں

Adventure	ساہسک
Anchor	لنگر
Bad	برا
Beach	ساحل سمندر
Captain	کپتان
Cave	غار
Coins	سکے
Compass	کمپاس
Crew	عملہ
Danger	خطرہ
Flag	پرچم
Gold	سونا
Island	جزیرہ
Legend	لیجنڈ
Map	نقشہ
Parrot	طوطا
Rum	رم
Scar	داغ
Sword	تلوار
Treasure	خزانہ

Plants
پودوں

Bamboo	بانس
Bean	بین
Berry	بیری
Botany	نباتیات
Bush	جھاڑی
Cactus	کیکٹس
Fertilizer	کھاد
Flora	فلورا
Flower	پھول
Foliage	پتے
Forest	جنگل
Garden	باغ
Grass	گھاس
Ivy	آئیوی
Moss	کائی
Petal	پنکھڑی
Root	جڑ
Stem	تنا
Tree	پیڑ
Vegetation	پودوں

Professions #1
کاروباری اداروں #1

Ambassador	سفیر
Astronomer	ماہر فلکیات
Attorney	اٹارنی
Banker	بینکر
Cartographer	کارٹوگرافر
Coach	کوچ
Dancer	رقاصہ
Doctor	ڈاکٹر
Editor	ایڈیٹر
Geologist	ماہر ارضیات
Hunter	شکاری
Jeweler	جوہری
Musician	موسیقار
Nurse	نرس
Pianist	پیانسٹ
Plumber	پلمبر
Psychologist	ماہر نفسیات
Sailor	ملاح
Tailor	درزی
Veterinarian	پشوچکتسا

Professions #2
کاروباری اداروں #2

Astronaut	خلاباز
Biologist	ماہر حیاتیات
Dentist	ڈینٹسٹ
Detective	جاسوس
Engineer	انجینئر
Farmer	کسان
Gardener	باغبان
Illustrator	مصور
Inventor	موجد
Journalist	صحافی
Librarian	لائبریرین
Linguist	ماہر لسانیات
Painter	پینٹر
Philosopher	فلسفی
Photographer	فوٹوگرافر
Physician	طبیب
Pilot	پائلٹ
Surgeon	سرجن
Teacher	استاد
Zoologist	زوولوجسٹ

Rainforest
رینفوریسٹ

Birds	پرندوں
Botanical	نباتیات
Climate	آب و ہوا
Clouds	بادل
Community	برادری
Diversity	تنوع
Insects	کیڑوں
Jungle	جنگل
Mammals	ستنداریوں
Moss	کائی
Nature	فطرت
Preservation	تحفظ
Refuge	پناہ
Respect	احترام
Restoration	بحالی
Survival	بقا
Valuable	قیمتی

Restaurant #1
ریسٹورنٹ #1

Allergy	الرجی
Bowl	کٹورا
Bread	روٹی
Chicken	چکن
Coffee	کافی
Dessert	میٹھی
Food	کھانا
Ingredients	اجزاء
Kitchen	باورچی خانہ
Knife	چھری
Meat	گوشت
Menu	مینو
Napkin	نیپکن
Plate	پلیٹ
Reservation	بکنگ
Sauce	چٹنی
Spicy	مسالیدار
Waitress	ویٹریس

Restaurant #2
ریسٹورنٹ #2

Beverage	مشروب
Cake	کیک
Chair	کرسی
Delicious	مزیدار
Dinner	ڈنر
Eggs	انڈے
Fish	مچھلی
Fork	کانٹا
Fruit	پھل
Ice	برف
Lunch	لنچ
Noodles	نوڈلز
Salad	ترکاریاں
Salt	نمک
Soup	سوپ
Spices	مصالحے
Spoon	چمچ
Vegetables	سبزیاں
Waiter	ویٹر
Water	پانی

School #1
سکول #1

Alphabet	حروف تہجی
Answers	جوابات
Books	کتابیں
Chair	کرسی
Classroom	کلاس روم
Desk	میز
Exams	امتحان
Folders	فولڈرز
Friends	دوستوں
Fun	مزہ
Library	لائبریری
Lunch	لنچ
Markers	مارکر
Math	ریاضی
Numbers	نمبرز
Paper	کاغذ
Pencil	پنسل
Pens	قلم
Quiz	کوئز
Teacher	استاد

School #2
سکول #2

Academic	تعلیمی
Activities	سرگرمیاں
Backpack	بیگ
Books	کتابیں
Bus	بس
Calendar	کیلنڈر
Computer	کمپیوٹر
Dictionary	لغت
Education	تعلیم
Friends	دوستوں
Games	کھیل
Grammar	گرامر
Library	لائبریری
Literature	ادب
Paper	کاغذ
Pencil	پنسل
Science	سائنس
Scissors	قینچی
Supplies	سپلائی
Teacher	استاد

Science
سائنس

Atom	ایٹم
Chemical	کیمیائی
Climate	آب و ہوا
Data	ڈیٹا
Evolution	ارتقاء
Experiment	تجربہ
Fact	حقیقت
Fossil	فوسل
Gravity	کشش ثقل
Hypothesis	مفروضہ
Laboratory	لیبارٹری
Method	طریقہ
Minerals	معدنیات
Nature	فطرت
Observation	مشاہدہ
Particles	ذرات
Physics	طبیعیات
Plants	پودے
Scientist	سائنسدان

Science Fiction
سائنس افسانہ

Atomic	جوہری
Books	کتابیں
Chemicals	کیمیکل
Cinema	سنیما
Clones	کلون
Dystopia	ڈسٹوپیا
Explosion	دھماکے
Extreme	انتہائی
Fire	آگ
Futuristic	مستقبل
Galaxy	کہکشاں
Illusion	وہم
Imaginary	خیالی
Mysterious	پراسرار
Oracle	اوریکل
Planet	سیارہ
Robots	روبوٹ
Technology	ٹیکنالوجی
Utopia	یوٹوپیا
World	دنیا

Scientific Disciplines
سائنسی مضامین

Anatomy	اناٹومی
Archaeology	آثار قدیمہ
Astronomy	فلکیات
Biochemistry	بایو کیمسٹری
Biology	حیاتیات
Botany	نباتیات
Chemistry	کیمسٹری
Ecology	ماحولیات
Geology	ارضیات
Immunology	امیونولوجی
Kinesiology	کینیسیولوجی
Linguistics	لسانیات
Mechanics	میکینکس
Mineralogy	معدنیات
Neurology	نیورولوجی
Physiology	عضویات
Psychology	نفسیات
Sociology	سوشیالوجی
Thermodynamics	حرحرکیات
Zoology	حیوانیات

Shapes
شکلیں

Arc	آرک
Circle	دائرہ
Cone	مخروط
Corner	کونا
Cube	کیوب
Curve	خم
Cylinder	سلنڈر
Edges	کناروں
Ellipse	بیضوی
Hyperbola	ہائپربولا
Line	لائن
Oval	اوول
Polygon	کثیرالاضلاع
Prism	پرزم
Pyramid	پرامڈ
Rectangle	مستطیل
Round	گول
Side	طرف
Square	مربع
Triangle	مثلث

Spices
مصالحے

Anise	انیس
Bitter	تلخ
Cardamom	الائچی
Cinnamon	دار چینی
Clove	لونگ
Coriander	دھنیا
Cumin	زیرا
Curry	کری
Fennel	سونف
Fenugreek	میتھی
Flavor	ذائقہ
Garlic	لہسن
Ginger	ادرک
Nutmeg	جائفل
Onion	پیاز
Paprika	پیپریکا
Saffron	زعفران
Salt	نمک
Sweet	میٹھا
Vanilla	ونیلا

Sports
اسپورٹس

Athlete	کھلاڑی
Baseball	بیس بال
Basketball	باسکٹ بال
Bicycle	بائیسکل
Championship	چیمپئن شپ
Coach	کوچ
Game	کھیل
Golf	گولف
Gymnasium	جمنازیم
Gymnastics	جمناسٹک
Hockey	ہاکی
Movement	حرکت
Player	پلیئر
Referee	ریفری
Stadium	اسٹیڈیم
Team	ٹیم
Tennis	ٹینس
Winner	فاتح

Summer
موسم گرما

Beach	ساحل سمندر
Books	کتابیں
Camping	کیمپنگ
Diving	ڈائیونگ
Family	خاندان
Food	کھانا
Friends	دوست
Games	کھیل
Garden	باغ
Home	گھر
Joy	خوشی
Leisure	تفریح
Memories	یادیں
Music	موسیقی
Relaxation	آرام
Sandals	سینڈل
Sea	سمندر
Stars	ستارے
Travel	سفر
Vacation	چھٹی

Surfing
سرفنگ

Athlete	کھلاڑی
Beach	ساحل سمندر
Beginner	شروع
Champion	چیمپئن
Crowds	ہجوم
Extreme	انتہائی
Foam	فوم
Fun	مزہ
Ocean	سمندر
Paddle	پیڈل
Popular	مقبول
Reef	ریف
Speed	رفتار
Spray	سپرے
Stomach	پیٹ
Strength	طاقت
Style	اسٹائل
Wave	لہر
Weather	موسم

Technology
ٹیکنالوجی

Blog	بلاگ
Browser	براؤزر
Bytes	بائٹس
Camera	کیمرہ
Computer	کمپیوٹر
Cursor	کرسر
Data	ڈیٹا
Digital	ڈیجیٹل
Display	ڈسپلے
File	فائل
Font	فونٹ
Internet	انٹرنیٹ
Message	پیغام
Research	تحقیق
Screen	سکرین
Security	سیکورٹی
Software	سافٹ ویئر
Statistics	شماریات
Virtual	مجازی
Virus	وائرس

Time
وقت

Annual	سالانہ
Before	پہلے
Calendar	کیلنڈر
Century	صدی
Clock	گھڑی
Day	دن
Decade	دہائی
Early	ابتدائی
Future	مستقبل
Hour	گھنٹہ
Minute	منٹ
Month	ماہ
Morning	صبح
Night	رات
Noon	دوپہر
Now	اب
Today	آج
Week	ہفتہ
Year	سال
Yesterday	کل

To Fill
بھرنے کے لئے

Bag	بیگ
Barrel	بیرل
Basin	بیسن
Basket	ٹوکری
Bottle	بوتل
Box	ڈبہ
Bucket	بالٹی
Carton	کارٹن
Crate	کریٹ
Drawer	دراز
Envelope	لفافے
Folder	فولڈر
Jar	جار
Packet	پیکٹ
Pocket	جیب
Tray	ٹرے
Tub	ٹب
Tube	ٹیوب
Vase	گلدستے
Vessel	برتن

Tools
رازوا

Axe	ایکس
Cable	کیبل
Glue	گلو
Hammer	ہتھوڑا
Knife	چھری
Ladder	سیڑھی
Pliers	چمٹا
Razor	استرا
Rope	رسی
Scissors	قینچی
Screw	سکرو
Shovel	بیلچہ
Staple	سٹیپل
Stapler	سٹیپلر
Torch	چراغ
Wheel	وہیل

Town
ٹاؤن

Airport	ہوائی اڈے
Bakery	بیکری
Bank	بینک
Cafe	کیفے
Cinema	سنیما
Clinic	کلینک
Florist	فلورسٹ
Gallery	گیلری
Hotel	ہوٹل
Library	لائبریری
Market	مارکیٹ
Museum	میوزیم
Pharmacy	فارمیسی
School	اسکول
Stadium	اسٹیڈیم
Store	سٹور
Supermarket	سپر مارکیٹ
Theater	تھیٹر
University	یونیورسٹی
Zoo	چڑیا گھر

Toys
کھلونے

Airplane	ہوائی جہاز
Ball	گیند
Bicycle	سائیکل
Boat	کشتی
Books	کتابیں
Car	کار
Chess	شطرنج
Clay	مٹی
Crafts	دستکاری
Doll	گڑیا
Drums	ڈرم
Favorite	پسندیدہ
Games	کھیل
Imagination	تخیل
Kite	پتنگ
Paints	پینٹ
Puzzle	پہیلی
Robot	روبوٹ
Train	ٹرین
Truck	ٹرک

Vacation #2
تعطیل #2

Airport	ہوائی اڈے
Beach	سمندر ساحل
Camping	کیمپنگ
Destination	منزل
Foreigner	غیر ملکی
Holiday	چھٹی
Hotel	ہوٹل
Island	جزیرہ
Journey	سفر
Leisure	تفریح
Map	نقشہ
Mountains	پہاڑ
Passport	پاسپورٹ
Restaurant	ریسٹورنٹ
Sea	سمندر
Taxi	ٹیکسی
Tent	خیمہ
Train	ٹرین
Transportation	نقل و حمل
Visa	ویزا

Vegetables
سبزیاں

Artichoke	آرٹچوک
Broccoli	بروکولی
Carrot	گاجر
Cauliflower	گوبھی
Celery	اجمود
Cucumber	کھیرا
Eggplant	بینگن
Garlic	لہسن
Ginger	ادرک
Mushroom	مشروم
Olive	زیتون
Onion	پیاز
Pea	مٹر
Pumpkin	قددو
Radish	مولی
Salad	ترکاریاں
Shallot	شالٹ
Spinach	پالک
Tomato	ٹماٹر
Turnip	شلجم

Vehicles
گاڑیاں

Airplane	ہوائی جہاز
Ambulance	ایمبولینس
Bicycle	سائیکل
Boat	کشتی
Bus	بس
Car	کار
Caravan	قافلہ
Engine	انجن
Ferry	فیری
Helicopter	ہیلی کاپٹر
Motor	موٹر
Raft	بیڑا
Rocket	راکٹ
Scooter	سکوٹر
Submarine	آبدوز
Subway	سب وے
Taxi	ٹیکسی
Tires	ٹائر
Tractor	ٹریکٹر
Truck	ٹرک

Virtues #1
فضیلت #1

Artistic	فنکارانہ
Charming	دلکش
Clean	صاف
Curious	متجسس
Decisive	فیصلہ کن
Efficient	موثر
Generous	ادار
Good	اچھی
Helpful	مددگار
Independent	آزاد
Intelligent	ذہین
Modest	معمولی
Passionate	پرجوش
Patient	مریض
Practical	عملی
Reliable	قابل اعتماد

Visual Arts
بصری آرٹس

Architecture	فن تعمیر
Artist	آرٹسٹ
Chalk	چاک
Clay	مٹی
Composition	ساخت
Creativity	تخلیقی صلاحیت
Easel	ایزل
Film	فلم
Masterpiece	شاہکار
Painting	پینٹنگ
Pen	قلم
Pencil	پنسل
Perspective	نقطہ نظر
Photograph	تصویر
Portrait	پورٹریٹ
Sculpture	مجسمہ
Stencil	سٹینسل
Varnish	وارنش
Wax	موم

Water
پانی

Canal	نہر
Evaporation	وانپیکرن
Flood	سیلاب
Frost	ٹھنڈ
Geyser	گیزر
Hurricane	طوفان
Irrigation	آبپاشی
Lake	جھیل
Moisture	نمی
Monsoon	مون سون
Ocean	سمندر
Rain	بارش
River	دریا
Shower	شاور
Snow	برف
Steam	بھاپ
Stream	ندی
Waves	لہریں

Weather
موسم

Atmosphere	ماحول
Calm	پرسکون
Climate	آب و ہوا
Cloud	بادل
Drought	خشک سالی
Dry	خشک
Flood	سیلاب
Fog	دھند
Ice	برف
Lightning	بجلی
Monsoon	مون سون
Polar	قطبی
Rainbow	رینبو
Sky	آسمان
Storm	طوفان
Temperature	درجہ حرارت
Thunder	گرج
Tornado	طوفان
Tropical	اشنکٹبندیی
Wind	ہوا

Congratulations

You made it!

We hope you enjoyed this book as much as we enjoyed making it. We do our best to make high quality games.
These puzzles are designed in a clever way for you to learn actively while having fun!

Did you love them?

A Simple Request

Our books exist thanks your reviews. Could you help us by leaving one now?

Here is a short link which will take you to your order review page:

BestBooksActivity.com/Review50

MONSTER CHALLENGE!

Challenge #1

Ready for Your Bonus Game? We use them all the time but they are not so easy to find. Here are **Synonyms**!

Note 5 words you discovered in each of the Puzzles noted below (#21, #36, #76) and try to find 2 synonyms for each word.

Note 5 Words from *Puzzle 21*

Words	Synonym 1	Synonym 2

Note 5 Words from *Puzzle 36*

Words	Synonym 1	Synonym 2

Note 5 Words from *Puzzle 76*

Words	Synonym 1	Synonym 2

Challenge #2

Now that you are warmed-up, note 5 words you discovered in each Puzzle noted below (#9, #17, #25) and try to find 2 antonyms for each word. How many lines can you do in 20 minutes?

Note 5 Words from **Puzzle 9**

Words	Antonym 1	Antonym 2

Note 5 Words from **Puzzle 17**

Words	Antonym 1	Antonym 2

Note 5 Words from **Puzzle 25**

Words	Antonym 1	Antonym 2

Challenge #3

Wonderful, this monster challenge is nothing to you!

Ready for the last one? Choose your 10 favorite words discovered in any of the Puzzles and note them below.

1.	6.
2.	7.
3.	8.
4.	9.
5.	10.

Now, using these words and within a maximum of six sentences, your challenge is to compose a text about a person, animal or place that you love!

Tip: You can use the last blank page of this book as a draft!

Your Writing:

Explore a Unique Store
Set Up **FOR YOU!**

MEGA DEALS

BestActivityBooks.com/**TheStore**

Designed for Entertainment!

Light Up Your Brain With Unique **Gift Ideas**.

Access **Surprising** And **Essential Supplies!**

CHECK OUT OUR MONTHLY SELECTION NOW!

- Expertly Crafted Products -

NOTEBOOK:

SEE YOU SOON!

Linguas Classics Team

BESTACTIVITYBOOKS.COM/FREEGAMES